GIMP
kurz & gut

Karsten Günther

Beijing · Cambridge · Farnham · Köln · Sebastopol · Taipei · Tokyo

Kommentare und Fragen können Sie gerne an uns richten:
O' Reilly Verlag
Balthasarstr. 81
50670 Köln
Tel.: 0221/9731600
Fax: 0221/9731608
E-Mail: kommentar@oreilly.de

Copyright der deutschen Ausgabe:
© 2009 by O Reilly Verlag GmbH & Co. KG
1. Auflage 2009

Die Darstellung von Vögeln im Zusammenhang mit dem Thema GIMP ist ein Warenzeichen von O Reilly Media, Inc.

Bibliografische Information Der Deutschen Bibliothek

Die Deutsche Bibliothek verzeichnet diese Publikation in der Deutschen Nationalbibliografie; detaillierte bibliografische Daten sind im Internet über *http://dnb.ddb.de* abrufbar.

Lektorat: Volker Bombien, Köln
Korrektorat: Eike Nitz, Köln
Satz: Karsten Günther, Elmshorn
Umschlaggestaltung: Linda Palo, Sebastopol und Michael Oreal
Produktion: Andrea Miß, Köln
Druck: fgb freiburger graphische betriebe, *www.fgb.de*

ISBN 978-3-89721-553-5

Dieses Buch ist auf 100% chlorfrei gebleichtem Papier gedruckt.

Inhalt

Vorwort

GIMP (GIMP is the GNU Image Manipulation Program) ist eines der Paradebeispiele freier Software. Das Bildbearbeitungsprogramm wird unter Linux entwickelt, steht aber auch für andere Plattformen zur Verfügung. Es orientiert sich an den vom Markführer PhotoShop etablierten Quasi-Standards (kann daher deren Dateien öffnen und schreiben), setzt dabei aber andere Schwerpunkte. Wie für Open Source-Software typisch, verwendet es Teile anderer freier Projekte (meistens als Plugins).

Basis für dieses Buch sind die Versionen 2.6.x (bis einschließlich 2.6.6) aus dem Jahr 2009. Im Vergleich zu den Versionen 2.4.x haben sich viele Menüs und Dialoge geändert, und zahlreiche Plugins sind nun Bestandteil des Programms und müssen nicht mehr separat besorgt, kompiliert und geladen werden. Weitere wichtige Neuerungen von Version 2.6 fasst Seite 150 zusammen.

In den Beispielen wird auf das »Standardbild in der Bildverarbeitung«, »Lenna«, zurückgegriffen. Informationen dazu finden sich unter *www.lenna.org*.

Mein Dank geht bei diesem Buch an: Birgitt Rohwer für ihre Hilfe bei der Einarbeitung in GIMP, Kristina Saß für viele Anregungen und Beispiele und an Christian Klose für seine Tipps und Hinweise, »wie man das mit PhotoShop macht«.

Dieses Buch ist als kurze Referenz konzipiert, ausführliche Beispiele und ein Workshop (vom gleichen Autor) sind in Vorbereitung. Eine zweiseitige Zusammenfassung der Tastenbindungen und Menüs gibt es hier: *www.oreilly.de/catalog/gimppgger/chapter/gimp2.6-sheet-landscape-A4.pdf*

GIMP ist ein im Grunde einfaches Programm, das allerdings über sehr viele Möglichkeiten verfügt und dadurch etwas unübersichtlich wirkt. Allerdings haben die Entwickler in den letzten Versionen gute Arbeit geleistet und Vieles verschlankt, vereinfacht und vereinheitlicht.

Viele Anwender empfinden den Umgang mit GIMP zunächst als ungewohnt und daher anstrengend. Nach einer (kurzen) Eingewöhnungsphase wandelt sich dies allerdings oft so, dass sie dann lieber mit GIMP als mit alternativen Programmen arbeiten ...

Konventionen

Schreibweisen und Darstellungen in diesem Buch richten sich nach den Konventionen von GIMP. Menüs und Buttons sind daher in serifenloser (»Grotesk«-) Schrift gesetzt, in einigen Fenstern erscheinen besondere Anmerkungen im Fettdruck (beispielsweise **»schreibgeschützt«**).

In den deuschsprachigen Menüs gibt es teilweise gleichlautende Bezeichnungen an mehreren Stellen, teilweise enden sie mit drei Punkten (...). Diese Punkte kennzeichnen – in Analogie zu PhotoShop – Menüpunkte mit Funktionen, bei denen GIMP einen Dialog öffnet, um bestimmte Einstellungen vorzunehmen. Allerdings: So ganz durchgängig wird das nicht durchgehalten.

Alle Beschriftungen der Menüs, Buttons und Dialoge wurden unverändert übernommen, können sich aber in neueren Versionen ändern.

Die Abbildungen und Screenshots wurden unter GNU/Linux (Ubuntu) mit GNOME und GIMPs Funktion **Bildschirmfoto**, Seite 60, erstellt.

Anwenderschnittstellen: Optionen, Werkzeuge, Menüs und Dialoge

Die Oberfläche von GIMP

GIMPs Fenster

Voreingestellt öffnet GIMP beim Start drei Fenster (Abbildung 1): Den Werkzeugkasten, das Bildfenster und ein sogenanntes »Dock«. In ihm lassen sich bei Bedarf zusätzliche Fenster (oder »andockbare Dialoge«) einblenden. Besonders wichtige Dialoge (beispielsweise für Ebenen) lassen sich auch separat darstellen.

Abbildung 1: GIMPs Fenster: Werkzeugkasten (links oben), Werkzeugoptionen (darunter), Bildfenster (Hauptfenster), Dock (Ebenendialog, rechts oben), Musterdock (rechts unten)

Der Werkzeugkasten (siehe Seite 17) besteht aus zwei Teilen: Im oberen befinden sich die Werkzeuge in Form der Buttons, darunter öffnet GIMP abhängig vom aktuellen Werkzeug ein Fenster mit zusätzlichen Informationen und Einstellmöglichkeiten (Optionen). Weitere Werkzeuge lassen sich mit dem Menüpunkt **Werkzeuge** unter **Andockbare Dialoge** (im **Fenster**-Menü) hier hinzufügen.

Das Bildfenster zeigt eine »Ansicht« (Seite 82) des aktuellen Bildes. Bilder lassen sich zur Bearbeitung direkt in GIMPs leeres Bildfenster ziehen. Falls dort schon ein Bild vorhanden ist, öffnet GIMP das neu hineingezogene als zusätzliche Ebene. Die Menüs in diesem Fenster zeigt GIMP auf zwei Arten: Am Fensterrahmen (abschaltbar unter **Einstellungen** im Menü **Bearbeiten**) und als Kontextmenü (mit der rechten Maustaste im Bildfenster). Diese Methode hat den Vorteil, dass sich einzelne Menüs (oder Untermenüs) »abhängen« lassen und GIMP sie als separate – frei platzierbare – Fenster anzeigt.

Das Dock zeigt voreingestellt ein Fenster für die Ebenen (Seite 131), eines für Kanäle (Seite 135), eines für Pfade (Seite 136) und das Journal (Seite 61). Zusätzliche oder andere Docks lassen sich bei Bedarf anbringen. Dazu dient das kleine nach links zeigende Dreieck neben dem Titel im Dock, das einen Dialog öffnet. Viele Aspekte in der Darstellung und beim Bearbeiten mit GIMP lassen sich auf unterschiedliche Weise einstellen bzw. vornehmen.

[Tab] im Bildfenster öffnet bzw. schließt zusätzliche GIMP-Fenster.

Tastenbindungen

Wie üblich gibt es im Bildfenster zahlreiche (in den Menüs angezeigte und veränderliche) Tastenbindungen (Tastenkürzel, »Shortcuts« oder »Hotkeys«). Eine Übersicht sehen Sie hier:

Datei

Taste(n)	Seite	Menüpunkt	Funktion
[Ctrl][n]	59	Neu	neues Bild/Projekt
[Ctrl][lAlt][v]	60	Aus Zwischenablage	neues Bild erstellen
[Ctrl][o]	61	Öffnen	Bild bearbeiten
[lAlt][][Ctrl][n]	61	Als Ebene öffnen	Bild als Ebene laden
[Ctrl][1] ...	61	Zuletzt geöffnet	zuletzt geöffnetes Bild
[Ctrl][0]	61	Zuletzt geöffnet	bis zum 10.-letzten Bild
[Ctrl][s]	63	Speichern	unter altem Namen
[⇑][][Ctrl][s]	63	Speichern unter ...	unter neuem Namen

[Ctrl][p]	64	Drucken	mit aktuel. Einstellungen
[Ctrl][w]	64	Schließen	Bild schließen
[⇧][][Ctrl][w]	64	Alle Bilder schließen	Programm nicht beenden
[Ctrl][q]	64	Programm	beenden

Bearbeiten

Taste(n)	Seite	Menüpunkt	Funktion
[Ctrl][z]	65	Undo	letzte Aktion zurück
[Ctrl][y]	65	Redo	letztes Undo zurück
[Ctrl][x]	66	Ausschneiden	verschieben in Ablage
[Ctrl][c]	68	Kopieren	Auswahl in Ablage
[⇧][][Ctrl][c]	68	Sichtbares Kopieren	in Ablage
[Ctrl][v]	66	Einfügen	aus der Ablage
[⇧][][Ctrl][v]	60	Aus Zwischenablage	neues Bild
[Del]	68	Löschen	Auswahl löschen
[Ctrl][;]	69	Mit Muster	die Auswahl füllen
[Ctrl][,]	68	M. Vordergrundfrb.	die Auswahl füllen
[Ctrl][.]	68	M. Hintergrundfrb.	die Auswahl füllen

Auswahl

Taste(n)	Seite	Menüpunkt	Funktion
[Ctrl][a]	75	Alles auswählen	in der aktuellen Ebene
[⇧][][Ctrl][a]	75	Nichts auswählen	in der aktuellen Ebene
[Ctrl][i]	103	Invertieren	der aktuellen Auswahl
[⇧][][Ctrl][l]	75	Schwebend	Auswahl erzeugen
[⇧][o]	75	Nach Farbe	auswählen
[⇧][v]	75	Vom Pfad	auswählen
[Ctrl][q]	80	Schnellmaske	umschalten

Ansicht

Taste(n)	Seite	Menüpunkt	Funktion
[']	82	Zurücksetzen	der Vergrößerung
[-]	78	Verkleinern	um eine Stufe
[+]	78	Vergrößern	um eine Stufe
[1]	82	1:1	Vergrößerung 1:1
[⇧][][Ctrl][e]	82	Bild in	Fenster einpassen
[Ctrl][e]	82	Fenster anpassen	an Bild anpassen
[F11]	83	Vollbild	Modus umschalten
[Ctrl][t]	84	Auswahl anzeigen	im Bildfenster

Taste(n)	Seite	Menüpunkt	Funktion
[↑][][Ctrl][t]	84	Hilfslinien anzeigen	im Bildfenster
[↑][][Ctrl][r]	85	Lineale anzeigen	im Bildfenster
[ ] (Leertaste)		Bild mit der Maus bewegen	

Bild

Taste(n)	Seite	Menüpunkt	Funktion
[Ctrl][d]	86	Duplizieren	Bildkopie anlegen
[Ctrl][m]	89	Sichtbare Ebenen	vereinen zu einem Bild
[1Alt][Return]	90	Bildeigenschaften	anzeigen

Ebene

Taste(n)	Seite	Menüpunkt	Funktion
[↑][][Ctrl][n]	91	Neue Ebene	anlegen
[↑][][Ctrl][d]	91	Ebene duplizieren	Kopie anlegen
[Ctrl][h]	91	Ebene verankern	vereinen mit akt. Ebe.
[Bild ↑]	92	Vorherige Ebene	auswählen, aktivieren
[Bild ↓]	92	Nächste Ebene	auswählen, aktivieren
[Pos1]	92	Oberste Ebene	auswählen, aktivieren
[Ende]	92	Unterste Ebene	auswählen, aktivieren
[↑][][Ctrl][o]	95	Versatz	Inhalt verschieben

Farben

Taste(n)	Seite	Menüpunkt	Funktion
(Keine vordefinierten Tastenbindungen.)			

Werkzeuge

Taste(n)	Seite	Menüpunkt	Funktion
[r]	23	Rechtecke Auswahl	manuell auswählen
[e]	23	Elliptische Auswahl	manuell auswählen
[f]	24	Freie Auswahl	manuell auswählen
[u]	26	Zauberstab	lokale Farbauswahl
[↑][o]	27	Nach Farbe	globale Farbauswahl
[i]	28	Intelligente Schere	Kanten auswählen
[↑][b]	44	Füllen	mit Farbe od. Muster
[l]	46	Farbverlauf	zeichnen
[n]	47	Stift	mit harten Kanten
[p]	47	Pinsel	mit weichen Kanten
[↑][e]	48	Radierer	entfernt Farben
[a]	49	Sprühpistole	Airbrush

[k]	50	Tinte	Kalligrafiewerkzeug
[h]	52	Heilen	intelligentes Klonen
[⇧][u]	55	Weichzeichnen	oder Schärfen
[s]	56	Verschmieren	mit Richtung
[⇧][d]	57	Abwedeln	oder Nachbelichten
[q]	35	Ausrichten	von Ebenen
[m]	34	Verschieben	von Ebenen ...
[⇧][c]	35	Zuschneiden	... oder Bildern
[d]	37	Drehen	von ...
[⇧][t]	38	Skalieren	Ebenen, ...
[⇧][s]	39	Scheren	Auswahlen, ...
[⇧][p]	40	Perspektive	und
[⇧][f]	41	Spiegeln	Pfaden
[z]	32	Vergrößerung	einstellen
[⇧][m]	33	Maßband	Längen, Winkel
[Ctrl][b]	115	Werkzeugkasten	Dock anzeigen

Filter

Taste(n)	Seite	Menüpunkt	Funktion
[Ctrl][f]	116	Filter wiederholen	letzten Filter anwenden
[⇧][][Ctrl][f]	116	Filter erneut anzeigen	Filterdialog neu öffnen

Fenster

Taste(n)	Seite	Menüpunkt	Funktion
[Ctrl][l]	131	Ebenen	Dock anzeigen
[⇧][][Ctrl][b]	143	Pinsel	Dock anzeigen
[⇧][][Ctrl][p]	146	Muster	Dock anzeigen
[Ctrl][g]	139	Farbverläufe	Dock anzeigen
[Ctrl][b]	115	Werkzeugkasten	anzeigen

[F1] zeigt die Online-Hilfe, [⇧][F1] die Kontexthilfe.

[Tab] im Bildfenster öffnet oder schließt zusätzliche GIMP-Fenster.

Die mittlere Maustaste erlaubt, den im Bildfenster angezeigten Ausschnitt zu verschieben. Ein Mausrad verschiebt ihn voreingestellt vertikal, zusammen mit [⇧] horizontal. Bei gleichzeitiger Verwendung der [*Ctrl*]-Taste zoomt GIMP den aktuellen Ausschnitt.

Weitere Shortcuts zur Manipulation von Fenstern stellen die Window-Manager bereit.

Das Bildfenster

Das Bildfenster weist neben dem Kontextmenü noch weitere, unauffällige Besonderheiten auf, die zum Teil erst vor Kurzem hinzugekommen sind.

Abbildung 2: GIMPs Bildfenster und Navigator (unten rechts)

In den Ecken befinden sich vier Buttons: ▷ (oben links) erlaubt den Zugriff auf das Menü, ▣ (Lupe, oben rechts) sorgt für automatisches Anpassen des Maßstabs bei Veränderungen der Fenstergröße, ▦ (unten links, Umschalter für die Schnellmaske – Seite 80) und vier Pfeile ⊞ für die schnelle Auswahl eines Ausschnitts (Navigator). Mit der Maus lässt sich der aktuelle Ausschnitt auch direkt »anfassen« und verschieben. GIMP nutzt die Titelzeile des Fensters zur Darstellung von Bildinformationen und den unteren Rand als Statuszeile, zum Umschalten von Maßeinheiten und zur Festlegung des Skalierungsfaktors.

Beliebige Hilfslinien zieht die Maus einfach aus den horizontalen bzw. vertikalen Linealen »heraus« und »versteckt« sie dort auch wieder (zusammen mit [Ctrl] auch Prüfpunkte).

Im Titel zeigt GIMP neben dem Dateinamen (ein Sternchen davor zeigt ungesicherte Änderungen an) eine interne Revisionsnummer und in Klammern Farbmodus, Ebenenanzahl sowie Bildgröße.

GIMP merkt sich die beim Verlassen des Programms vorhandenen Fenster und öffnet diese beim erneuten Starten wieder an den alten Positionen (Abbildung 1, Seite 10).

Neu in Version 2.6 ist, dass GIMP auch dann ein Hauptfenster öffnet, wenn kein Bild geladen ist, sofern das Programm nicht mit der Befehlszeilenoption `--no-interface` (oder `-n`) startet.

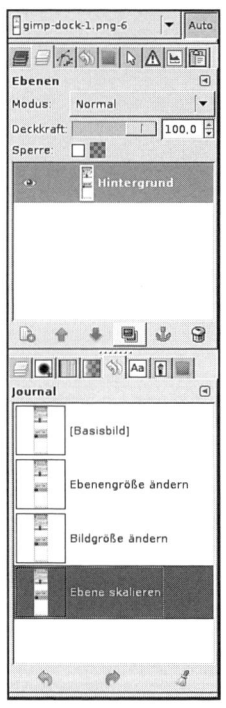

Einzelne Menüs (aus dem Hauptfenster oder dem Kontextmenü) lassen sich in Form von weiteren Fenstern auf dem Desktop darstellen. Dies ermöglicht die gestrichelte Linie (»Reißkante«) am oberen Rand der Menüs. Das Schließen so erzeugter Fenster bringt abgehängte Menüs zurück in die alten Positionen.

Das Fenster »Ebenen, Kanäle, Pfade ...« bietet eine Möglichkeit, zusätzliche Fenster – Docks – in Form von Reitern aufzunehmen. Dies geschieht entweder über das Fenster-Menü oder das kleine nach links zeigende Dreieck (◁) am oberen Rand eines geöffneten Docks. Dort bietet das Menü die Optionen Reiter hinzufügen, Reiter schließen, Reiter lösen und Reiter sperren. Zusätzlich lässt sich dort der Stil von Reitern einstellen.

GIMP macht in allen Fenstern ausgiebigen Gebrauch von mit der rechten Maustaste aufrufbaren Kontextmenüs, die oft alle (oder fast alle) für die aktuelle Situation vorhandenen Funktionen enthalten.

Der Werkzeugkasten

Der Werkzeugkasten stellt die wichtigsten Werkzeuge bereit. Im GIMP-Handbuch heißt es dazu: *Das Werkzeugfenster ist das Herzstück von GIMP. Es ist das einzige Fenster, von dem alle anderen Dialogfenster der Applikation abhängig sind.*

GIMP stellt den Werkzeugkasten in einem eigenen, größenvariablen Fenster dar. Die Werkzeuge in der ersten Reihe (in dieser Ansicht) dienen überwiegend zur Auswahl: rechteckige Auswahl (Seite 23), elliptische Auswahl (Seite 23), freie Auswahl (Seite 24) und Zauberstab (Seite 26) sowie Farbauswahl (Seite 27). Dann: Magnetische Schere (Seite 28), Vordergrundauswahl (Seite 29), Pfadwerkzeug (Seite 30) und Farbpipette (Seite 32).

Die zweite Reihe enthält Mess- und Transformationswerkzeuge: Die Ansicht vergrößern (Seite 32), Maßband (Seite 33), Verschieben (Seite 34), Ausrichten (Seite 35), Zuschneiden (Seite 35), Drehen (Seite 37), Skalieren (Seite 38), Scheren (Seite 39) und Perspektive (Seite 40).

In der dritten Reihe folgen weitere Transformations- und Malwerkzeuge: Spiegeln (Seite 41), Textwerkzeug (Seite 43) und Füllen (Seite 44), Farbverlauf (Seite 46), Stift (Seite 47), Pinsel (Seite 47), Radierer (Seite 48), Sprühwerkzeug (Seite 49), Tinte (Kalligrafiewerkzeug, Seite 50).

Der Rest in der vierten Reihe: Klonen (Seite 51), Heilen (Seite 52), perspektivisches Klonen (Seite 54), Weichzeichnen/Schärfen (Seite 55), Verschmieren (Seite 56), Abwedeln (Seite 57).

Für jedes dieser Werkzeuge zeigt GIMP voreingestellt im unteren Teil des Fensters einen Dialog mit den Eigenschaften an. Das Fenster-Menü reaktiviert dies bei Bedarf durch Andockbare Dialoge mit dem Menüpunkt Werkzeugeinstellungen.

Um die Werkzeugeinstellungen im Werkzeugkasten anzudocken, reicht es aus, das entsprechende Fenster *am Titel (»Pinsel«) anzufassen* und in den Werkzeugkasten zu ziehen.

Vier Buttons am unteren Rand erlauben, Einstellungen zu speichern 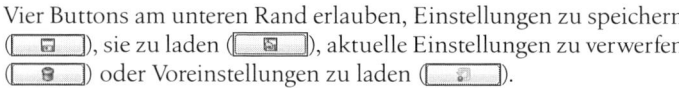), sie zu laden (), aktuelle Einstellungen zu verwerfen () oder Voreinstellungen zu laden ().

In der untersten Zeile des Werkzeugkastens befindet sich die Auswahl für die Vordergrund- und Hintergrundfarbe (Seite 140). Diese 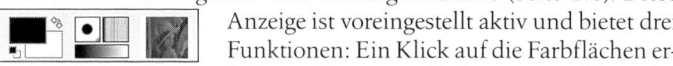 Anzeige ist voreingestellt aktiv und bietet drei Funktionen: Ein Klick auf die Farbflächen erlaubt, die Vordergrund- bzw. Hintergrundfarbe auszuwählen, der kleine Doppelpfeil vertauscht die aktuellen Farben, die kleinen Farbflächen links unten stellen die Vorgaben (Vordergrundfarbe Schwarz, Hintergrundfarbe Weiß) wieder ein.

Zusätzlich lassen sich im Menü Bearbeiten im Menüpunkt Einstellungen unter Werkzeugkasten noch Aktive Pinsel (oben links), Muster (oben rechts), aktiver Farbverlauf (unten Mitte) und ein Aktuelles Bild anzeigen (ganz rechts) wählen. Ein Klick darauf zeigt eine Liste aller vorhandenen Bilder, von denen Sie eines auswählen können.

Mit dem Menüpunkt Werkzeuge im Fenster-Menü unter Andockbare Dialoge lassen sich weitere Werkzeuge zum Werkzeugkasten hinzufügen.

Die im unteren Teil des Werkzeugkastens erscheinenden »Werkzeugeinstellungen« können am fett dargestellten Titel mit der Maus in das Dockfenster gezogen werden, wo GIMP sie dann permanent zeigt.

HINWEIS

Aus dem Ebenendock (Seite 131) in den Werkzeugkasten gezogene Ebenen öffnet GIMP als neue Bilder.

Auswahlen

»Auswahlen« bezeichnen im GIMP-Jargon zu bearbeitende Bildbereiche, die eines der Auswahlwerkzeuge markiert hat. Das können geometrische Muster (Rechtecke, Kreise oder Ellipsen) oder freihändig bzw. automatisch abgegrenzte Bereiche sein, die sich auch in Form von Pfaden (siehe Seite 136) oder Kanälen (Seite 135) speichern und gegebenenfalls nachträglich verändern lassen. GIMP verfügt derzeit über sieben Auswahlwerkzeuge:

- Rechteckige Auswahl: durch ein anpassbares Rechteck (Seite 23)
- Elliptische Auswahl: mit einer Ellipse/ einem Kreis (Seite 23)
- Freie Auswahl: durch einen Linienzug oder beliebig geformte geschlossene Kurve (Seite 24)
- Zauberstab: lokale Auswahl anhand von Farbgrenzen (Seite 26)
- Auswahl nach Farbe: globale anhand von Farben (Seite 27)
- Magnetische/intelligente Schere: an (Farb-)Kanten (Seite 28)
- Vordergrundauswahl: interaktiv, an Farbgrenzen/Kanten (29)

Beim Anlegen und Verschieben von Auswahlen rasten diese entlang von Hilfslinien (Seite 84) ein. Drei Tasten verändern das Verhalten dieser Auswahlwerkzeuge:

- [Shift] ([⇧]) setzt *vor dem Klicken* den Auswahlmodus auf Hinzufügen. *Nach dem Klicken* hängt das genaue Verhalten vom Auswahlwerkzeug ab.
- [Ctrl] ([Strg]): *Vor dem Klicken* (linke Maustaste) aktiviert dies den Auswahlmodus Subtraktion und entfernt nachfolgend ausgewählte Bereiche von der aktuellen Auswahl. *Nach dem Klicken* hängt das genaue Verhalten vom Auswahlwerkzeug ab.

  Während der Auswahl aktiviert dies den Modus »aus der Mitte aufziehen«, was den Mittelpunkt geometrischer Auswahlwerkzeuge positioniert.
- [lAlt] (linke Alt-Taste) erlaubt, die Auswahl (den aktuellen Auswahlrahmen) zu verschieben.

Die Leertaste bewirkt zusammen mit den Auswahlwerkzeugen, dass GIMP die aktuelle Grafik verschiebt, ohne den Modus zu verändern.

Diese Auswahlmodi lassen sich auch direkt über die Eigenschaften der Auswahlwerkzeuge aktivieren. Dort gibt es vier Möglichkeiten.

Modus: Auswahl ersetzen: die aktuelle Auswahl ersetzt eine bestehende; Auswahl ergänzen: fügt folgende Auswahl zur bestehenden hinzu, sie müssen nicht zusammenhängen; Auswahl subtrahieren: entfernt die folgende Auswahl von der bestehenden; Auswahl Schnittmenge bilden: enthält nur Bereiche der bestehenden, die auch in der folgenden Auswahl vorhanden sind. *Alle Modi benötigen immer einen geschlossenen Bereich, um eine gültige Auswahl zu erzeugen.* GIMP schließt sie bei Bedarf automatisch mit einer Linie zwischen Anfangs- und Endpunkt, durch [*RETURN*] oder [*ENTER*] (Auswahl abschließen).

HINWEIS

Manchmal ist es einfacher, statt einer direkten Auswahl Bereiche auszuwählen, die *nicht* benötigt werden, beispielsweise Himmel, Wasser oder andere gleichfarbige Hintergründe. Anschließend wird die Auswahl invertiert, beispielsweise durch [*Ctrl*][c]. GIMP hat mehrere Möglichkeiten, Auswahlen anzuzeigen:

- Voreingestellt zeigt die Auswahl eine flackernde Linie (»laufende Ameisen«, running ants) an. Diese Linie verläuft dort, wo Pixel zu 50 % ausgewählt sind.

- Eine Alternative bietet die Schnellmaske (Seite 80), unscharf ausgewählte Bereiche sind nur schwach eingefärbt.

- Sie erscheinen im Auswahleditor (Seite 75), Unschärfe kennzeichnet teilweise ausgewählte Bereiche.

Voreingestellt erfolgt die Auswahl scharf (Bereiche sind entweder ausgewählt oder nicht ausgewählt). Durch den in allen Eigenschaftsfenstern vorhandenen Button Kanten ausblenden erfolgt eine »unscharfe Auswahl«. Innerhalb des eingestellten Radius verändert sich die Auswahl von 100 zu 0 Prozent. Dies ist für viele Anwendungen nützlich, da es Übergänge zu kaschieren hilft.

Über die Ränder ausgewählte Bereiche begrenzt GIMP automatisch.

Kanten glätten erlaubt es, kleine, bei der manuellen Auswahl hinzugefügte Unregelmäßigkeiten automatisch zu korrigieren. Das ist nicht immer erwünscht, wenn beispielsweise mit dem Freihandwerkzeug unregelmäßige Strukturen exakt ausgewählt wurden.

Bei komplizierten Auswahlen hilft die Schnellmaske (Seite 80), und manchmal ist es sinnvoll, Auswahlen in mehreren Schritten zu kombinieren (eventuell mit Invertieren: zunächst nicht erwünschtes auswählen), statt sie direkt vorzunehmen.

Mit Auswahlwerkzeugen erstellte Auswahlen lassen sich – ebenso wie Pfade – »nachziehen«, also mit einfachen, gemusterten Linien oder Malwerkzeugen (Seite 69) umrahmen, siehe auch Seite 31.

Nach der Umwandlung einer Auswahl in Pfade (**Nach Pfad** – Seite 81 – im **Auswahl**-Menü) lassen sich Auswahlen auch speichern: **Pfad exportieren** (Seite 137).

Ohne (aktive) Auswahl wirken die meisten Werkzeuge auf die aktive Ebene.

Es gibt – abhängig vom Bild – manchmal Probleme bei Auswahlen, oft an deren Rändern. Dort zeigt sich dann beispielsweise ein »Halo« (teilausgewählte Randbereiche). In diesem Fall sind im **Auswahl**-Menü einige nützliche Funktionen vorhanden, mit denen sich eine vorgenommene Auswahl um einen einstellbaren Wert reduzieren lässt – **Verkleinern** ..., Seite 78 – oder eine bestehende Auswahl langsam zurückgenommen/aufgelöst werden kann: **Ausblenden** ..., Seite 78. In Kombination (Auswahl um 2 pt verkleinern und anschließend um 2 pt ausblenden) beseitigen sie derartige Artefakte nahezu vollständig.

Werkzeuge

Die folgenden Seiten beschreiben GIMPs voreingestellte Werkzeuge aus dem Werkzeugkasten.

Alle Werkzeuge lassen sich auch direkt über Tasten aufrufen (»Shortcuts« oder »Hotkeys«) und bedienen. Viele Werkzeuge stehen darüber hinaus auch in den Menüs zur Verfügung.

Weitere Werkzeuge lassen sich im Werkzeugkasten anzeigen. Dazu gibt es im Menü **Fenster** unter **Andockbare Dialoge** mit **Werkzeuge** (Seite 114) eine Möglichkeit. Die Werkzeuge gliedern sich in folgende Gruppen:

- Auswahlwerkzeuge: Rechteckige und elliptische Auswahl, Freihandauswahl, lokale und globale Farbauswahl, Kantenauswahl, Vordergrundauswahl

- Transformationswerkzeuge: Zuschneiden, Drehen, Skalieren, Scheren, Perspektive

- Translationswerkzeuge: Verschieben, Ausrichten, Spiegeln

- Malwerkzeuge: Füllen, Stift, Pinsel, Radierer, Sprühwerkzeug (Airbrush), Tinte (Kalligrafiewerkzeug), Klonen, Heilen, perspektivisches Klonen, Weichzeichnen/Schärfen, Verschmieren, Abwedeln/Nachbelichten

- Messwerkzeuge: Farbpipette, Maßwerkzeug (Lineale, Hilfslinien, Raster, Zeigerdialog)

- Farbwerkzeuge: Farbverlauf, (Farbpipette)

- Diverses: Pfadwerkzeug, Zoom, Textwerkzeug

Die rechteckige (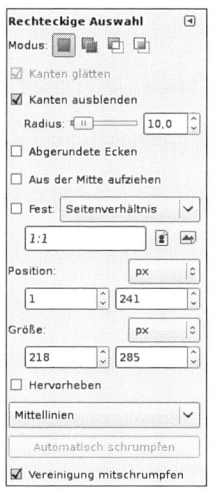) und die elliptische Auswahl (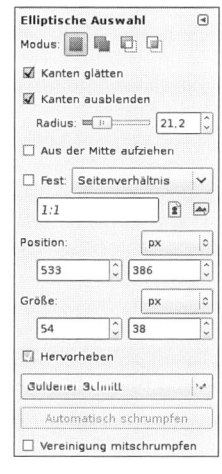)

Diese beiden einfachsten Auswahlen basieren auf flexiblen, anpassbaren geometrischen Mustern: dem Rechteck und der Ellipse. Mit der Maus lassen sich der Referenzpunkt (bzw. Mittelpunkt) und die Ausdehnungen des Rechtecks bzw. der Ellipse durch in den Ecken vorhandenen Griffpunkte einstellen. GIMP wählt den Inhalt der Figur aus, durch verschiedene Modi(fikationen) lassen sich zusätzliche Bereiche oder der (nicht ausgewählte) Raum außerhalb markieren.

Aus der Mitte aufziehen bewirkt, dass GIMP beim ersten Klick nicht mehr die linke obere Ecke, sondern den Mittelpunkt des Rahmens platziert.

Fest veranlasst GIMP Auswahlen in der geometrische Form mit dem vorgegebenen **Seitenverhältnis**, der aktuellen **Höhe** bzw. **Breite** oder (manuell eingestellter) **Größe** (Eingabe vom Anwender durch *X*x*Y* im Textfeld) vorzunehmen.

Die Buttons rechts des Feldes aktivieren das Hoch- bzw. Querformat (vertauscht *Y* und *X*). **Position** (gemessen von der linken oberen Ecke) und **Größe** zeigen die aktuellen Einstellungen und erlauben Anpassungen, wenn **Fest** nicht aktiviert ist. Die Angaben beziehen sich immer auf das zuletzt aktivierte Objekt. **Abgerundete Ecken** aktiviert einen Schieberegler, mit dem sich der Radius für Rundungen der Ecken einstellen lässt.

Hervorheben aktiviert eine Variante der Schnellmaske und kennzeichnet damit im Bildfenster (nicht) ausgewählte Bereiche. Die Maus verschiebt mit der linken Taste die aktuelle Auswahl, sofern sie sich nicht auf Griffpunkten befindet.

Hilfslinien steuert die Darstellung von Hilfslinien in der Auswahl. **Mittellinie** zeigt den geografischen Mittelpunkt, was auch bei der Kombination von Auswahlen funktioniert; **Drittelregel** teilt die Auswahl horizontal und vertikal in jeweils drei Teile, **Goldener Schnitt** entsprechend. Die folgenden Abbildungen 3 und 4 zeigen Beispiele dafür.

Auswahl automatisch verkleinern bewirkt, dass GIMP versucht, die aktuelle Auswahl an das geografisch nächste rechteckige bzw. elliptische Objekt (beispielsweise das Gesichtsoval) in der aktuellen Ebene anzupassen. Durch **Vereinigung mitschrumpfen** berücksichtigt GIMP dabei alle derzeit dargestellten Ebenen.

HINWEIS

Durch Aktivieren der [⇑]-Taste (*nach* Beginn der Auswahl) bzw. mit **Fest** und **Seitenverhältnis 1:1** wählt GIMP exakte Kreise bzw. Quadrate aus.

Die Freihandauswahl (⬚)

Dieses Werkzeug (Taste [*f*]) erlaubt die Auswahl beliebig geformter Bereiche mit der Maus. Nach Lösen der linken Maustaste markiert GIMP Anfangs- und Endpunkt, [*RETURN*] oder [*ENTER*] schließen dann die Linie. [*Del*] ([*Entf*]) löscht den letzten Punkt.

Das »Lassotool«, wie dieses Werkzeug auch genannt wird, verfügt über keine besonderen Einstellungen. Abhängig vom Modus lassen sich Auswahlen ersetzen, addieren, subtrahieren oder es wird die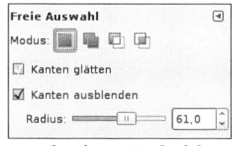
Schnittmenge erzeugt. Diese Modi sind wichtig, da die Möglichkeit fehlt, einmal vorgenommene Auswahllinien zu korrigieren.

HINWEIS

Die Freihandauswahl ist sowohl für eine erste grobe Auswahl geeignet (wie bei der Vordergrundauswahl) als auch später für das Korrigieren kleinster Details. Dann finden Additions- und Subtraktionsmodi Anwendung.

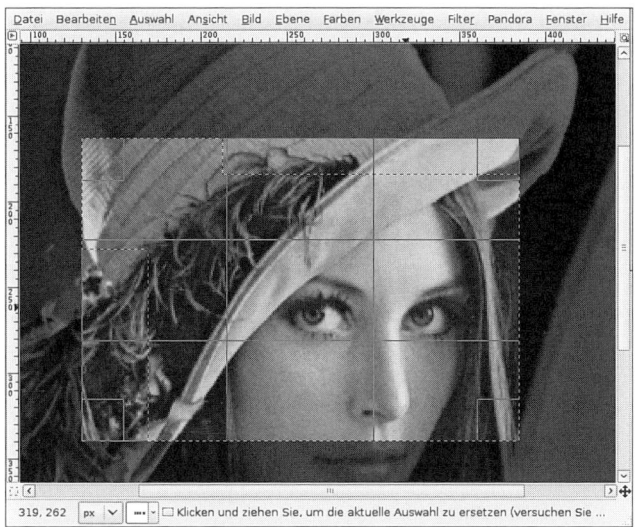

Abbildung 3: Hervorheben mit Hilfslinien (Drittelregel) in einer kombinierten Auswahl

Abbildung 4: Hervorheben mit dem goldenen Schnitt und aktivierter Schnellmaske

Die lokale Farbauswahl mit dem Zauberstab ()

Der Zauberstab (Taste [u]) wählt zusammenhängende Bereiche mit (einstellbar) ähnlichen Farben aus. Abhängig von der momentan eingestellten Schwelle selektiert dieses Werkzeug mehr oder weniger große Bereiche, die miteinander in Verbindung stehen. Es ist daher recht gut für die Auswahl unregelmäßiger Strukturen geeignet, sofern sich diese farblich von der Umgebung ausreichend abheben. Bei gedrückter linker Maustaste erhöht GIMP die Auswahlschwelle bei der Bewegung nach rechts bzw. unten.

Kanten glätten und Kanten ausblenden wirken wie in den anderen Werkzeugen (Seite 20). Mit Transparente Bereiche auswählen lassen sich die

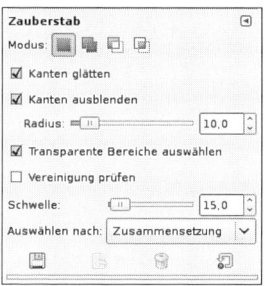

voreingestellt nicht auswählbaren transparenten Teile in die Auswahl aufnehmen. Durch Vereinigung prüfen bezieht GIMP alle momentan sichtbaren Ebenen (auch transparente) in die Ermittlung der Farben ein. Schwelle stellt die Auswahlschwelle und damit die Größe des Farbbereichs ein, den GIMP selektiert. Das ist auch interaktiv mit der Maus möglich, siehe oben. Auswählen nach legt die Farbaspekte fest, anhand derer die Auswahl erfolgt: Zusammensetzung berücksichtigt alle Farbkomponenten, Rot, Grün, Blau nur jeweils eine, Farbton (basierend auf dem Farbton »Hue« aus dem HSV-Modell) die »Ähnlichkeit« der Farben, und Sättigung und Wert stehen für Saturation (HSV-Farbintensität) bzw. Value (HSV-Helligkeit).

HINWEIS

Ähnlich wie bei der Freihandauswahl ist es unbedingt sinnvoll, mit dem Zauberstab ausgewählte Bereiche durch den Additions- bzw. Subtraktionsmodus zu korrigieren und das Ergebnis im Auswahleditor (Seite 75) anzuzeigen. Im Hauptfenster unterscheidet GIMP zuvor ausgewählte und aktuell ausgewählte Bereiche ebenfalls farblich. Mittels Undo ([Ctrl][z], siehe Seite 65) lassen sich Auswahlen schrittweise zurücknehmen. Es ist besonders bei kleinräumigen

---

Strukturen wichtig, den Ausgangspunkt der Auswahl sorg-
fältig zu setzen, da Fehler schnell zu schlechten Ergebnissen führen. Der Zauberstab wirkt von dem mit der Maus
markierten Punkt aus auf ähnliche Farben, für die Auswahl
größerer Bereiche eignen sich andere Werkzeuge besser.

Die Auswahl erfolgt mit »harten« Kanten, Pixel werden
immer vollständig ausgewählt (oder eben nicht).

Die globale Farbauswahl (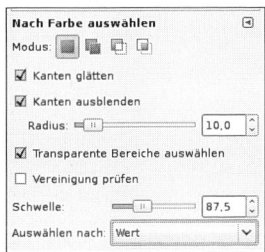)

Das Werkzeug (Taste [O], also [⇑][o]) wirkt ähnlich dem Zauberstab, allerdings global für das gesamte Bild. An dem mit der Maus
markierten Punkt ermittelt GIMP die Farbe und wählt abhängig
von den aktuellen Einstellungen weitere Bereiche aus. **Kanten glätten** (Seite 20) und **Kanten ausblenden** wirken wie bei allen Auswahlwerkzeugen, ebenso wie **Transparente Bereiche auswählen**. **Vereinigung prüfen**

bewirkt, dass GIMP alle sichtbaren
Ebenen (nicht nur die aktuelle) berücksichtigt. Wie beim Zauberstab definiert **Schwelle** die zulässige Abweichung
von den Werten des Startpunkts, die
zur Auswahl gehören. Ebenfalls analog
zum Zauberstab arbeitet **Auswählen nach:**
Zusammensetzung berücksichtigt alle Farbkomponenten, **Rot**, **Grün**, **Blau** nur jeweils
eine, **Farbton** (basierend auf Hue aus dem HSV-Modell) die »Ähnlichkeit« der Farben und **Sättigung** und **Wert** stehen für Saturation (HSV-
Farbintensität) bzw. Value (HSV-Helligkeit).

HINWEIS

Das Werkzeug wirkt im Unterschied zum Zauberstab (Seite
26) im gesamten Bild und wählt auch weich (teilweise) aus.
Ein Klick im Auswahleditor (Seite 75) aktiviert es. Es ist gut
geeignet, gleichfarbige Hintergründe auszuwählen.

Kantenauswahl mit der magnetischen Schere ()

Die »intelligente« oder magnetische Schere (Taste [*i*]) verwendet Verfahren zur Kantenerkennung, um die Auswahl vorzunehmen. Sie ist daher bei farblich unterschiedlichen Motiven gut

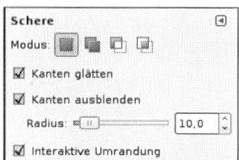

einsetzbar. Ihre Anwendung ähnelt der des Pfadwerkzeugs: Zunächst werden Stütz- oder Kontrollpunkte gesetzt, die GIMP automatisch unter Berücksichtigung der Kanten verbindet. Bestehende Stützpunkte lassen sich nachträglich noch

verschieben und weitere hinzufügen. Die Verbindung vom letzten zum ersten Kontrollpunkt (Mausklick darauf) schließt dies ab.

Vier Varianten des Mauszeigers kennzeichnen, wo er sich befindet: Auf der Auswahllinie erscheint ein Pluszeichen neben der Schere, auf einem Kontrollpunkt das Verschiebewerkzeug, außerhalb ein Verbotsschild und innerhalb ein gestrichelter Kreis. [*RETURN*] oder [*ENTER*] bzw. ein Mausklick innerhalb des ausgewählten Bereichs wandeln den Pfad direkt in eine Auswahl um, deren Verlauf sich dann nur noch über die üblichen Auswahlmodi (Seite 20) verändern lässt.

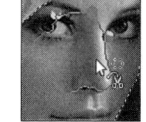

Kanten glätten und Kanten ausblenden wirken wie in den anderen Werkzeugen (Seite 20). Transparente Bereiche auswählen erlaubt, die voreingestellt nicht auswählbaren

transparenten Teile in die Auswahl aufzunehmen. Interaktive Umrandung aktiviert eine Auswahlvorschau, die sonst nur vereinfacht erfolgt.

HINWEIS

Die Kantenauswahl kombiniert in vieler Hinsicht Features der Freihand- und der Farbauswahl. Oft, aber nicht immer, passen die mit diesem Werkzeug erzeugten Linien fast ohne zusätzliche Bearbeitung recht gut. Durch das Werkzeug gesetzte Punkte lassen sich vor der Umwandlung in eine Auswahl (durch [*RETURN*]) mit der Maus noch verschieben und zusätzliche sich hinzufügen.

Die Vordergrundauswahl (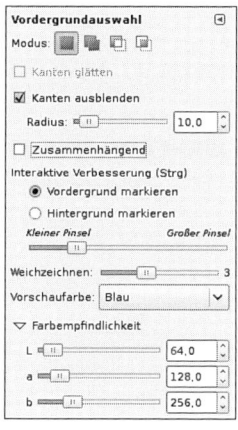)

Die Vordergrundauswahl erlaubt, interaktiv mit relativ wenig Aufwand Objekte auszuwählen (»freizustellen«). Das Werkzeug verwendet dafür das SIOX (»Simple Interactive Object eXtraction«) genannte Verfahren, das aus zwei Schritten besteht. Zunächst wird das gewünschte (Vordergrund-) Objekt grob ausgewählt. Dies geschieht mit dem Lassotool (Seite 24). Loslassen der linken Maustaste beendet dies. Im Bildfenster erscheint der Hintergrund daraufhin dunkelblau, der Mauszeiger verwandelt sich in einen Pinsel. Mit diesem wird grob der Vordergrund »übermalt«, voreingestellt in schwarz. Anhand dabei übermalter Farben und Kanten ermittelt GIMP dann das vermeintliche Vordergrundobjekt. Die so erzeugte Linie muss nicht geschlossen sein, und dieser Schritt lässt sich bei Bedarf mehrfach wiederholen. Zum Hintergrund gehörende Bildbereiche zerstören die Auswahl nachhaltig, siehe dazu aber die Anmerkungen unten.

Kanten glätten hat bei diesem Werkzeug keine Funktion, aber **Kanten ausblenden** wirkt wie immer (Seite 20). **Zusammenhängend** bewirkt, dass GIMP gleichfarbige Bereiche nur dann als zum Vordergrundobjekt gehörend erkennt, wenn sie verbunden sind. Unter **Interaktive Verbesserung** gibt es die Möglichkeit, mit **Vordergrund markieren** zusätzliche Bereiche als zum Vordergrund bzw. durch **Hintergrund markieren** zum Hintergrund gehörend (ebenfalls mit einem Pinsel) zu kennzeichnen und mit dem Schieberegler eine andere als die voreingestellte Größe für den Pinsel auszuwählen.

Weichzeichnen macht den Pinsel etwas »unschärfer«, was bei der Markierung kleine Ungenauigkeiten automatisch ausgleicht.

Farbempfindlichkeit stellt Regler für die im LAB-Farbmodell vorhandenen Eigenschaften bereit: L (Luminiszenz) entspricht der Helligkeit, a dem Rot-Grün- und b dem Blau-Gelb-Anteil einer Farbe.

Das Pfadwerkzeug (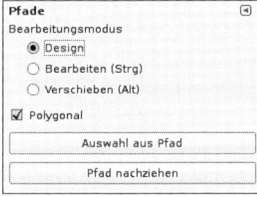)

Pfade sind zusammenhängende Linienzüge, die GIMP aus Geraden und Bézierkurven mittels sogenannter Kontrollpunkte modelliert. Pfade lassen sich in Auswahlen (Seite 19) umwandeln und umgekehrt (sofern sie geschlossen sind) oder durch Malwerkzeuge (Seite 42) nachzeichnen. Auswahlwerkzeuge wie die magnetische Schere (Seite 28) verwenden Pfade zur Konstruktion der Auswahl. Das Pfadwerkzeug (Taste [*B*]) dient zur Konstruktion und Bearbeitung von Pfaden. GIMPs xcf-Dateiformat speichert vorhandene Pfade mit ab. Drei **Bearbeitungsmodi** hat dieses Werkzeug:

- **Design** erzeugt neue Pfade durch Hinzufügen neuer Kontrollpunkte und erlaubt auch diese zu verschieben.

- **Bearbeiten** ermöglicht die Modifikation von Pfaden: Bei aktiver [↑]-Taste lassen sich Pfadkomponenten und Kontrollpunkte durch einen Mausklick löschen, auch wenn GIMP das nicht immer sofort anzeigt.

- **Verschieben** wirkt für ganze Pfade oder Pfadkomponenten.

[*Ctrl*] bzw. [*Strg*] schaltet in den Bearbeitungsmodus, [*lAlt*] in den Verschiebemodus.

Polygonal erzeugt Pfade nur aus Geraden, statt sie aus Kurven zusammenzusetzen.

Auswahl aus Pfad wandelt einen Pfad in eine Auswahl um.

Pfad nachziehen zeichnet den Pfad (mit einem Malwerkzeug, Seite 42) nach. Die Art und Weise lässt sich im Fenster »Nachziehen« (Seite 70) genau einstellen.

HINWEIS

Pfade lassen sich in (harte) Auswahlen (und umgekehrt) konvertieren. Bei weichen Auswahlen entsteht der Pfad entlang der zu 50 % ausgewählten Pixel.

Neben den oben genannten Tastenbindungen gibt es weitere: Die Taste [⇑] aktiviert den Modus zum Hinzufügen von Pfadkomponenten. Damit lässt sich ein *neuer Pfad* im Bild erzeugen, den GIMP zusammen mit dem schon bestehenden verwaltet, auch nachdem der erste geschlossen wurde. Über einem Kontrollpunkt angewendet, lässt sich bei gedrückter Taste eine Gruppe von Punkten erstellen, die GIMP anschließend zusammen bearbeitet. Zusammen mit der Taste [lAlt] lässt sich der gesamte Pfad verschieben.

Vor dem Bearbeiten von Pfadpunkten müssen diese »angeklickt« werden. Die Pfadbereiche zwischen den Kontrollpunkten (Pfadsegmente) lassen sich ebenfalls mit der Maus anpassen: Nach einem Klick erscheinen zwei »Griffpunkte«, die den Verlauf des Segments steuern.

Pfade lassen sich kopieren, indem sie aus dem Pfaddialog in das aktuelle Bild gezogen werden. Sie sind dort zunächst unsichtbar, bis ihre Darstellung in Dialog aktiviert wird.

[*Ctrl*][⇑] erlaubt, im Design-Modus Punkte aus dem Pfad zu löschen.

Der Pfaddialog (Seite 136) zeigt die in einem Bild enthaltenen Pfade an und erlaubt ihre Bearbeitung. Dort lassen sich verschiedene Pfade mit dem Kettensymbol zusammenfassen und gemeinsam verschieben.

Die Farbpipette (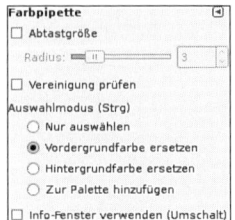)

Dieses Werkzeug (Taste [o]) ermittelt die Farbwerte des oder der Pixel unter dem Mauszeiger. Diese Werte lassen sich anzeigen oder zur Auswahl von Vordergrund- bzw. Hintergrundfarbe nutzen. **Abtastgröße** legt die Größe des Werkzeugs fest, mit dem GIMP die Informationen bestimmt und anschließend die Werte mittelt. Wie in vielen anderen Werkzeugen bewirkt **Vereinigung prüfen**, dass GIMP nicht nur die aktuelle, sondern alle zur Zeit sichtbaren Ebenen berücksichtigt. [*Ctrl*] ([*Strg*]) oder **Auswahlmodus** bestimmen, was mit der Farbe geschieht, ob sie nämlich als Vordergrund- oder Hintergrundfarbe aktiviert wird oder zur Farbpalette hinzugefügt wird. Dies öffnet den Farbpaletteneditor (Seite 141). Das Histogramm (Seite 126) und der Zeigerdialog (Seite 127) bieten eine ähnliche Funktion.

Nur auswählen ist nur zusammen mit der [*Shift*]- ([⇧]-) Taste oder mit **Info-Fenster verwenden** sinnvoll, in dem GIMP die Werte anzeigt. Der linke Button **Pixel** zeigt die Informationen in absoluten, der rechte in relativen Werten an, wobei die Farbräume auswählbar sind.

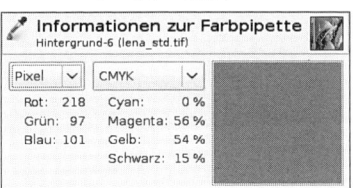

Zoom: Ansicht vergrößern/verkleinern ()

Meistens werden die Tasten [+] und [-] zum Zoomen der Ansicht verwendet, also um die Ansicht des Bildes zu vergrößern/verkleinern.

Mit diesem Zoomwerkzeug (Taste [z]) ist das auch mit der Maus möglich. Ein Mausklick in das Bildfenster lässt GIMP die Ansicht um eine Stufe skalieren. **Fenstergröße automatisch anpassen** wirkt

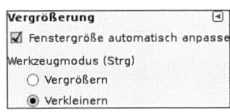

wie der Button oben rechts vom Bildfenster (Seite 15) und verbindet die Ansichtsgröße mit der Größe des Bildfensters. **Werkzeugmodus** legt fest, was ein Mausklick bewirkt. Mit [Ctrl] ([Strg]) führt dies zur entgegengesetzten Aktion.

HINWEIS

Im Bildfenster lässt sich die Ansichtsgröße mit dem Mausrad – zusammen mit der [Ctrl]-Taste – einstellen. In der Statuszeile zeigt GIMP auch die aktuelle Position des Mauszeigers an.

Maßwerkzeug ( )

Dieses Werkzeug misst Abstände und Winkel (voreingestellt relativ zur Horizontalen). Nach einem (linken) Mausklick zeigt GIMP die aktuellen Werte bezüglich der momentanen Mausposition in der

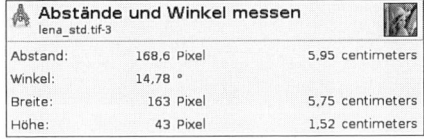

Statuszeile (Seite 15) und/oder einem Infofenster kontinuierlich an. Es verwendet zur Anzeige neben der intern voreingestellten Einheit »Pixel« auch die im Bildfenster eingestellte. Zusammen mit der Taste [⇑] setzt GIMP einen weiteren Punkt und gibt Winkel bezüglich der Geraden zwischen den Punkten und der aktuellen Mausposition an.

Mit aktiver [Ctrl]- ([Strg]-) Taste (Mauszeiger:) erzeugt GIMP horizontale Hilfslinien in Winkeln, die Vielfache von 15° sind. Das Anklicken eines der Kontrollpunkte erzeugt weitere Hilfslinien. Zusammen mit aktivierter [lAlt]-Taste (Mauszeiger) setzt GIMP vertikale Hilfslinien. Herausziehen aus dem Bildfenster löscht sie wieder.

Translations- und Transformationswerkzeuge

Translationswerkzeuge arbeiten im Unterschied zu Transformationswerkzeugen ohne Qualitätsverluste. Beim Drehen ist das nur für 90 °, 180 ° und 270 ° (und 0 bzw. 360 °) möglich, mit den **Translations**-Menüs **Um 90° ...** bis **Um 180° drehen** (Seite 87). Auch bei anderen Winkeln bewirken GIMPs Interpolationsmodi normalerweise keine sichtbaren Artefakte, sodass diese Aktionen durchaus angewendet werden können. Allerdings sollten diese Operationen immer nur einmalig (Drehen einmal um 123 ° statt um 60 ° und 63 °) und wenn möglich am Ende der Bearbeitung erfolgen.

Verschieben (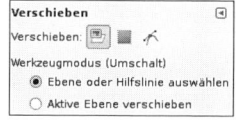)

Verschieben (Taste [m]) ist ein typisches »Translationswerkzeug«. Es kann Linien(züge), also Pfade, Ebenen und Auswahlen bewegen. Dafür schaltet **Verschieben** drei Modi um:

- Ebene 🖼, mit den Varianten **Ebene oder Hilfslinie auswählen** und **Aktive Ebene verschieben**.

- Auswahl (🔳) hat keine Optionen (es gibt jeweils nur eine aktive Auswahl). Im Ebenenmodus lässt sich die Auswahl mit der Tastenkombination [Strg][lAlt] verschieben.

- Pfad (✍), wobei **Pfad auswählen** einen der vorhandenen auswählt und **Aktiven Pfad verschieben** (den zuletzt definierten) den momentan aktiven. Unsichtbare Pfade zeigt der Pfaddialog (Seite 136) an.

HINWEIS

Im **Auswahl**-Modus verschiebt GIMP nur die Auswahl, nicht ausgewählte Bildteile. Diese müssen daher zunächst ausgeschnitten oder kopiert werden. Auch Text lässt sich verschieben, da er in einer eigenen (transparenten) Ebene enthalten ist. Um diese zu verschieben, aktiviert ein Klick *auf einen Buchstaben* die Ebene (der Rest ist transparent). Ein Mausklick in die seitlichen Lineale aktiviert das Werkzeug.

Ausrichten (⊡)

Ausrichten (Taste [*q*]) erlaubt, Objekte (Ebenen) im Bild relativ zueinander so zu verschieben, dass sie die gewünschten Positionen erhalten (ein Beispiel zeigt Abbildung 6 auf Seite 62). Zunächst werden mehrere Objekte mittels der [⇧]-Taste ausgewählt. Abhängig vom durch **Relativ zu** definierten Modus erfolgt

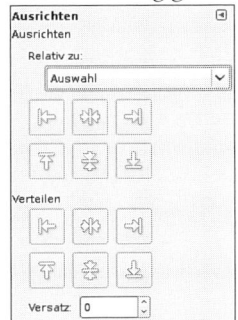

dann die Ausrichtung horizontal linksbündig (⊫), zentriert (⊞), rechtbündig (⊐), oder vertikal (⊟), oben (⊤), zentriert (⊞), bzw. unten (⊥). Im Modus **Erstes Objekt** dient das erste Objekt dabei als Bezugspunkt, bei **Auswahl** die aktuelle Auswahl, bei **Bild** die Ränder der aktuellen Grafik. Weitere Ausrichtungen ermöglichen **Aktuelle Ebene**, **Aktiver Kanal** und **Aktiver Pfad** (der zuletzt definierte).

Eine Variante der Auswahl ist durch Aufspannen eines Rahmens um alle auszurichtenden Objekte möglich, dabei gibt es aber kein **Erstes Objekt**.

Die Buttons im unteren Teil wirken analog, addieren aber vor der Platzierung der Objekte jeweils den angegebenen **Versatz** treppenförmig, also für das zweite Objekt einmal, für das dritte zweimal usw.

Zuschneiden (✐)

Zuschneiden (Taste [⇧][*c*]) beschneidet das Bild auf den aufgezogenen Rahmen und reduziert damit seine tatsächliche Größe. Voreingestellt schneidet dieses Werkzeug durch alle Grafikebenen, **Nur aktive Ebene** begrenzt dies aber auf die aktuelle Ebene. Die linke Maustaste spannt ein Rechteck auf, dessen Inhalt erhalten bleibt und dessen Ecken und Kanten sich anpassen lassen. Der ganze Rahmen ist in der Mitte mit der Maus verschiebbar. Ein Mausklick in den Rahmen oder die Tasten [*RETURN*]- bzw. [*ENTER*] schneiden zu.

Vergrößern zulassen erlaubt, das neue Bild so groß wie den eingestellten Rahmen (auch größer als das Original) zu machen. Außerhalb des Originals liegende Bereiche macht GIMP transparent, wenn es das Dateiformat zulässt.

Aus der Mitte aufziehen (Taste [*Ctrl*] bzw. [*Strg*]) positioniert den Schwerpunkt mit dem Mausklick in der Mitte, anstatt in der linken oberen Ecke, wie voreingestellt. **Fest** (entspricht der Taste [⇧])

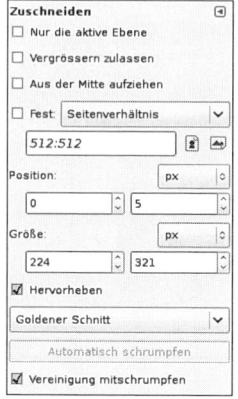

definiert das Seitenverhältnis der erzeugten Auswahl. Voreingestellt kann dies beliebig sein, **Seitenverhältnis 1:1** erzeugt quadratische Bereiche, **Breite** fixiert die aktuelle Breite, **Höhe** die Höhe, **Größe** beides. Im Textfeld darunter lassen sich exakte Verhältnisse einstellen, die beiden kleinen Buttons schalten zwischen Hoch- und Querformat (vertauscht *Y* und *X*) um. **Position** ermöglicht das exakte Positionieren des Rahmens und **Größe** stellt sie exakt ein.

Hervorheben kennzeichnet nicht ausgewählte Bereiche mit einer dunklen Maske. Der nächste Button stellt Hilfslinien dar. **Mittellinie** markiert den Schwerpunkt, **Drittelregel** teilt die Auswahl dreifach (in neun gleich große Bereiche) und **Goldener Schnitt** zeigt dieses Verhältnis $(1 : \frac{1+\sqrt{5}}{2} \sim 1.6180)$ an. Durch **Automatisch schrumpfen** versucht GIMP, die aktuelle Auswahl automatisch auf einen möglichst ähnlichen (aber kleineren) rechteckigen Bereich zu reduzieren, durch Berücksichtigung im Bild enthaltener Kanten und Muster. **Vereinigung mitschrumpfen** bewirkt, dass sich die Größenanpassung auf alle Ebenen und nicht nur die aktuelle bezieht.

HINWEIS

Dieses Werkzeug gehört zu den effektivsten und besten, die GIMP hat. Mit den Cursortasten (Mauszeiger in den Ecken der Auswahl positionieren) arbeitet es pixelgenau.

Wenn es darum geht, die *Größe des gesamten Bildes* anzupassen, ist Skalieren (Seite 38) das Werkzeug der Wahl. Dabei spielt die unter **Druckgröße ...** (Seite 88) eingestellte Bildauflösung eine entscheidende Rolle.

Drehen (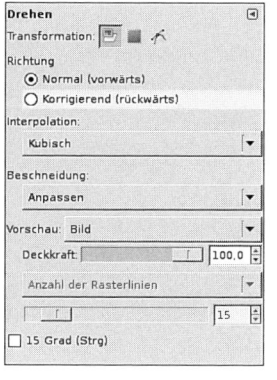)

Drehen (Taste [⇧[r]]) dreht Auswahlen, Pfade oder Bilder (Ebenen) um beliebige Winkel und Zentren. Das Werkzeug ähnelt dem Verschieben (Seite 34); es handelt sich aber um ein Transformationswerkzeug. Ein Infofenster (unten) zeigt die Faltungsmatrix.

Transformation wählt einen Modus: Ebene, Auswahl oder Pfad. Da Transformationen destruktive Aktionen sind und die Bildqualität verschlechtern, gibt es mehrere Möglichkeiten, die Rotation durchzuführen. **Interpolation** unterstützt diese Modi: **Kubisch**, **Linear** und **Sinc**.

Beschneidung legt fest, wie GIMP das gedrehte Bild an die Originalgröße anpasst: **Anpassen** bewirkt, dass GIMP das gedrehte Bild so weit vergrößert, bis es die Originalgröße vollständig ausfüllt, **Beschneiden** entfernt aus dem Original herausragende Bereiche, **Auf Ergebnis beschneiden** verkleinert das rotierte Bild, **Auf Seitenverhältnis beschneiden** wirkt ebenso, bewahrt dabei aber das ursprüngliche Seitenverhältnis. **Vorschau** stellt ein, wie GIMP das zu erwartende Ergebnis zeigt: **Umriss** zeigt nur den Rahmen, **Raster** ein Gitternetz, **Bild** den Bildinhalt und **Bild und Raster** beides.

Richtung bietet zwei Möglichkeiten: **Normal** rotiert wie erwartet, **Korrigierend** genau entgegengesetzt. Für das Drehen öffnet GIMP ein Fenster, in dem sich Winkel und Rotationszentrum genau einstellen lassen. Zusammen mit der Taste [Ctrl] ([Strg]) oder aktiviertem Button **15 Grad** sind nur Vielfache von 15° als Rotationsschritte möglich.

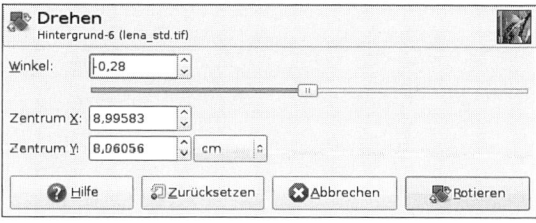

Nach dem Drehen einer Ebene oder eines Bildes ist es erforderlich, die Leinwandgröße anzupassen (Seite 87). Nützlich ist beim Drehen oft das Einblenden eines Rasters (Seite 84).

Im Bild-Menü gibt es unter Transformation die Möglichkeit, Bilder ohne Qualitätsverluste um 90°, 180° oder 270° (Seite 87) zu drehen.

Skalieren (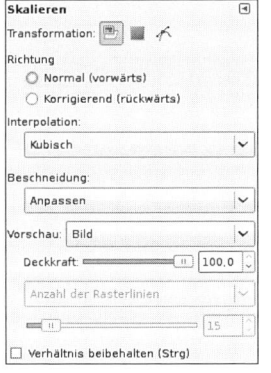)

Das Transformationswerkzeug Skalieren (Taste [⇧][t]) kann die Höhe und Breite eines Bildes verändern. Es ähnelt dem Rotieren (Seite 37) und wirkt auf die aktuelle Ebene, Auswahlen und Pfade. Dies stellt Transformation ein. Ein Infofenster (unten) zeigt

die Faltungsmatrix dazu. Richtung: Mit Normal verkleinert oder vergrößert GIMP die gesamte Auswahl auf die angegebene Größe. Korrigierend skaliert den gewählten Bereich auf die Originalgröße.

Interpolation steuert, mit welchem Algorithmus GIMP die Skalierung durchführt: Kubisch, Linear oder Sinc.

Beschneidung legt fest, wie GIMP mit den Rändern umgeht. Bei Anpassen gibt GIMP der Grafik automatisch die neue Größe. Bei Beschneiden bleibt sie erhalten und

GIMP füllt leere Bereiche mit Transparenz. Auf Ergebnis beschneiden wirkt wie Anpassen, Auf Seitenverhältnis beschneiden wirkt gleich und bewahrt das ursprüngliche Seitenverhältnis. Der Button Verhältnis beibehalten (oder [Strg] / [Ctrl]) fixiert das Seitenverhältnis beim Skalieren, wie das Kettensymbol im Infofenster.

Vorschau stellt ein, wie GIMP das zu erwartende Ergebnis vorab zeigt: Umriss zeigt nur den Rahmen, Raster ein Gitternetz, Bild den Bildinhalt und Bild und Raster beides. Die Deckkraft des Vorschaubilds lässt sich einstellen, Anzahl der Rasterlinien bzw. Abstand der Rasterlinien steuern dies.

Scheren (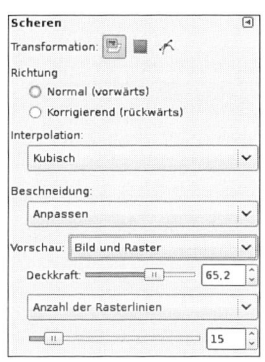)

Das Transformationswerkzeug Scheren (Taste [↑][s]) verzerrt Bilder horizontal oder vertikal um die Mittellinien. Ein Infofenster (unten) zeigt die Faltungsmatrix dazu. Es verfügt über die gleichen Optionen wie Drehen oder Skalieren: Transformation legt fest, ob Ebenen, Auswahlen oder Pfade geschert werden. Solange Richtung auf Normal steht, schert GIMP wie erwartet, mit Korrigierend entgegengesetzt. Interpolation wählt den Algorithmus dafür: Kubisch, Linear oder Sinc.

Beschneidung stellt ein, wie GIMP mit Randbereichen verfährt: Anpassen vergrößert das Bild so, dass die verschobenen Bereiche enthalten sind, und füllt leere Bereiche mit Transparenz. Beschneiden behält die Originalgröße bei, schneidet also Überstehendes ab, Auf Ergebnis beschneiden reduziert die Grafikgröße so, dass sie nach dem Scheren nur Bereiche enthält, die vorher innerhalb der Originalgrafik lagen. Auf Seitenverhältnis beschneiden wirkt ähnlich, bewahrt aber das Seitenverhältnis.

Unter Vorschau lässt sich auswählen, ob GIMP nur einen Umriss, ein Raster, ein Bild oder das Bild und Raster anzeigt. Deckkraft und die Anzahl der Rasterlinien bzw. der Abstand der Rasterlinien sind einstellbar.

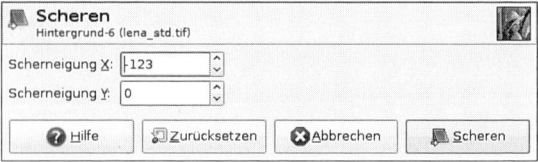

HINWEIS

Die bisher implementierte Variante des Algorithmus ist nur in der Lage, in einem Schritt *entweder* horizontal oder vertikal zu scheren. Als Scherachse verwendet GIMP immer die entsprechende Mittellinie.

Perspektive ()

Perspektive (Taste [⇑][*p*]) ist ein Transformationswerkzeug zum perspektivischen Verzerren. Es verwendet ein Viereck zur Definition der Perspektive. Dessen vier Ecken sind voreingestellt in den Bildecken, von wo aus sie sich mit der Maus verschieben lassen, auch noch außerhalb des Bildes. Das Infofenster (unten) zeigt die Faltungsmatrix.

Das Werkzeug wirkt auf Ebenen, Auswahlen oder Pfade, einstellbar unter **Transformation**.

Solange **Richtung** auf **Normal** steht, verzerrt GIMP wie erwartet, bei **Korrigierend** entgegengesetzt. **Interpolation** wählt den verwendeten Algorithmus: **Kubisch**, **Linear** oder **Sinc**.

Beschneidung definiert, wie GIMP Ränder (und Überschreitungen) behandelt: **Anpassen** vergrößert/-kleinert das Bild entsprechend, füllt leere Bereiche mit Transparenz. **Beschneiden** erhält die Originalgröße, schneidet überstehende Bildbereiche ab. **Auf Ergebnis beschneiden** reduziert die Grafikgröße so, dass sie nur noch Bereiche enthält, die innerhalb der Originalgrafik lagen. **Auf Seitenverhältnis beschneiden** wirkt analog und bewahrt das Seitenverhältnis.

Vorschau steuert, ob GIMP nur einen Umriss, ein Raster, ein Bild oder Bild und Raster anzeigt. Dessen Deckkraft und die Anzahl der Rasterlinien bzw. der Abstand der Rasterlinien sind einstellbar.

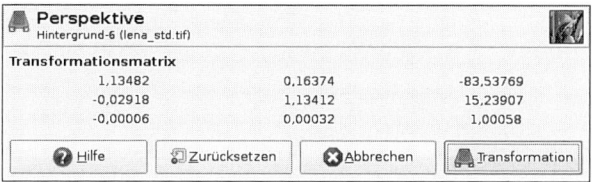

Spiegeln (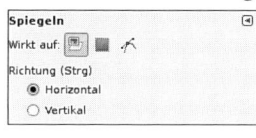)

Spiegeln (Taste [⇧][f]) ist GIMPs einfachstes Translationswerkzeug. Es verfügt nur über zwei Optionen: Transformation wählt aus, ob es auf Ebenen, Auswahlen oder Pfade wirkt. Richtung steuert mit Horizontal bzw. Vertikal die Spiegelstellung.

HINWEIS

Spiegeln erfolgt ohne Qualitätsverluste. Als Spiegelachse verwendet GIMP die vertikale bzw. horizontale Mittellinie.

Für realistische Spiegelungen wird die gespiegelte Ebene mit einer Ebenenmaske (Seite 92) in Form eines Farbverlaufs (von weiß bis schwarz) versehen, wodurch ihre Intensität mit zunehmenden Abstand vom Objekt abnimmt, was einen realistischen Eindruck vermittelt.

Text- und Malwerkzeuge

GIMPs Textwerkzeug ist in der bisherigen Form sehr einfach gehalten und vermag fast nur den eingegebenen Text in einer Box in einer ausgewählten Schriftart darzustellen. In jeder neuen Programmversion erhält das Tool aber neue Features.

Umso ausgefeilter sind die Malwerkzeuge. Sie lassen sich nicht nur zum primären Zweck, dem Aufbringen von Pixeln, verwenden, sondern finden auch bei Masken, wie Ebenen- und der Schnellmaske, sowie in weiteren Situationen Anwendung. Nicht alle Malwerkzeuge sind auf den ersten Blick als solche zu erkennen, sie wirken aber entsprechend. Über diese Malwerkzeuge verfügt GIMP derzeit:

Werkzeug	Seite	Funktion
Füllen	44	füllen mit Farbe/Muster
Farbverlauf	46	Farbverlauf auftragen
Stift und Pinsel	47	Striche, Linien zeichnen
Radierer	48	Farbe entfernen
Tinte	50	kalligrafisch Zeichnen
Klonen	51	Bereiche kopieren
Heilen	52	... und verschmelzen
Perspektivisches Klonen	54	... und verzerren
Weichzeichnen/Schärfen	55	weicher oder schärfer
Verschmieren	56	Unschärfe mit Richtung
Abwedeln/Nachbelichten	57	heller oder dunkler

Optionen von Malwerkzeugen

Alle Malwerkzeuge von GIMP verfügen über Einstellungen zum Modus (Kombination neuer und in der Ebene vorhandener Pixel, lässt sich schnell mit dem Mausrad wechseln) und zur Deckkraft (definiert die Stärke der Effekte und erzeugt so Teiltransparenz). Der Modus entspricht dem Ebenenmodus (Seite 133) und steuert die Wirkung der durch das Werkzeug aufgetragenen Farbe. Besondere Funktionen haben diese Modi:

- Vernichtend ersetzt in Ebenen mit Alphakanal bestehende Pixel durch Transparenz (wie der Filter Farbe zu Transparenz, Seite 111) und erzeugt so sehr raue Effekte. Ab Version 2.6 auch als Ebenenmodus vorhanden.

- **Hinter:** GIMP bemalt nur den transparenten Hintergrund.
- **Farbe entfernen** löscht Vordergrundfarbe, erzeugt Transparenz.

Weitere gemeinsame Optionen von Malwerkzeugen:

Malwerkzeuge verfügen über eine sogenannte **Pinseldynamik**. Sie erlaubt, Ausgaben systematisch zu variieren, so wie mit realen

Pinseln, und nutzt dabei sensorische Eingabegeräte. **Druck** (nur mit sensorischem Eingabegerät) und **Geschwindigkeit** können damit die **Deckkraft**, die **Härte** (Schärfe von Kanten bei unscharfen Pinseln), die **Größe** (entspricht Variationen beim Skalieren) und den aktiven **Farbverlauf** steuern. **Zufall** moduliert die Einstellungen zufällig.

Textwerkzeug (A)

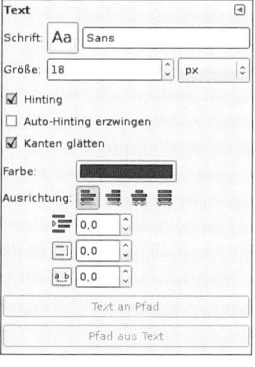

Das Textwerkzeug (Taste [t]) erzeugt eine Textbox auf einer separaten transparenten Ebene (Textebene). Unter **Schrift** lässt sich dafür *ein* Font (pro Ebene) auswählen. **Aa** öffnet eine Auswahl verfügbarer Fonts, (deren jeweilige Namen im danebenliegenden Textfeld auch eingegeben werden können und) erscheinen. Diesen Dialog gibt es auch im **Fenster**-Menü unter **Andockbare Dialoge** als **Schriften**. **Größe** wählt die Schriftgröße in der aktuellen Einheit, **Farbe** aktiviert eine Farbauswahl. **Hinting** verbessert die Schrift-

darstellung und sollte daher immer aktiviert sein, und nur in Schriften ohne entsprechende (eingebettete) Informationen kann **Auto-Hinting erzwingen** die Darstellung verbessern. **Kanten glätten** aktiviert ein Antialiasing, was in den meisten Fällen deutliche Vorteile hat.

Unter **Ausrichtung** stehen die üblichen Varianten linksbündig, rechtsbündig, zentriert und Blocksatz (mit Silbentrennung) zur Formatierung in der Textbox bereit. Die Regler darunter stellen den Erstzeileneinzug, den Zeilenabstand und den Zeichenabstand (Kerning) ein.

Die Texteingabe erfolgt im Texteditor, der harte Zeilenumbrüche berücksichtigt und über **Öffnen** auch externe Dateien einbinden kann, die UTF-8-(Unicode-)kodiert sein dürfen. **Löschen** entfernt den Inhalt der Box. Das kleine Häkchen rechts schaltet von **Direktional**-Satz (Links-nach-rechts-Satz) auf **Bidirektional** (rechts nach links) um. **Ausgewählte Schriftart verwenden** aktiviert die ausgewählte Schrift auch im Editorfenster.

Text an Pfad setzt den Text entlang des aktuellen Pfades. Die Größe der Textbox steuert die automatischen Zeilenumbrüche.

Pfad aus Text wandelt den Text in Pfade (jeder Buchstabe als Pfadkomponente) um; das Pfadwerkzeug (Seite 30) kann sie bearbeiten.

HINWEIS

GIMPs Textwerkzeug wurde deutlich verbessert, sodass sich der Text auch nachträglich noch verändern lässt, gegebenenfalls auch mittels **Textwerkzeug** im Ebenenkontextmenü. Eine nicht mehr benötigte Textbox entfernt **Ebene löschen** (Seite 92). Dieses Tutorial enthält viele grundlegende Tipps: *www.gimp.org/tutorials/The_Basics/*

Das Textwerkzeug ist für eher kurze Texte geeignet. Sehr kurze Texte (wie einzeilige Logos) lassen sich effektvoller mit **Logos** im Menü **Datei** unter **Erstellen** erzeugen. Mehrere Textboxen lassen sich mittels Ausrichten (Seite 35) relativ zueinander platzieren.

Füllen (⬚)

Mit Füllen (Taste [⇧][*b*]) lassen sich Bildbereiche mit Farben, Transparenz oder Mustern füllen. Voreingestellt füllt GIMP innerhalb der aktuellen Auswahl einen einfarbigen Bereich mit der Vordergrundfarbe, zusammen mit [⇧] mit der Hintergrundfarbe.

Modus und **Deckkraft** definieren die bei Malwerkzeugen üblichen Eigenschaften der Malfunktion (Seite 42).

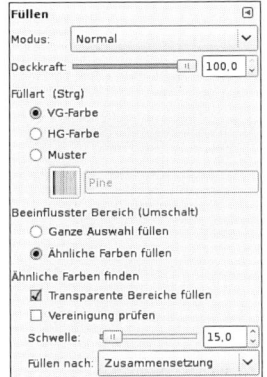

Füllart legt fest, womit GIMP füllt: **VG-Farbe** (Vordergrundfarbe), **HG-Farbe** (Hintergrundfarbe), **Muster** eines der vor- oder selbstdefinierten Muster, Seite 67. [*Ctrl*] bzw. [*Strg*] schalten zwischen Vorder- und Hintergrundfarbe um.

Beeinflusster Bereich steuert, ob das Werkzeug die **Ganze Auswahl** füllt oder sich analog zur Farbauswahl bzw. dem Zauberstab verhält (**Ähnliche Farben füllen**). In diesem Fall lassen sich auch die sonst vom Werkzeug ignorierten transparenten Bereiche mit **Transparente Bereiche füllen** füllen und Flächen anhand ihrer vorher vorhandenen Farbe auswählen.

Schwelle stellt in dem zweiten Fall ein, wie weit die Farben von der unter dem Mauszeiger abweichen dürfen, um noch gefüllt zu werden, damit arbeitet das Werkzeug ähnlich dem Zauberstab (Seite 26). **Füllen nach** legt fest, wie die Abweichung definiert ist: **Zusammensetzung** berücksichtigt alle Farbkomponenten, **Rot**, **Grün**, **Blau** nur jeweils eine, **Farbton** (basierend auf Hue aus dem HSV) die »Ähnlichkeit« der Farben, und **Sättigung** und **Wert** stehen für Saturation (HSV-Farbintensität) bzw. Value (HSV-Helligkeit).

Vereinigung prüfen bewirkt, dass GIMP alle sichtbaren Ebenen (und nicht nur wie voreingestellt die aktive) berücksichtigt.

HINWEIS

Beim Füllen mit (kleinen) Mustern sollten diese zuvor mittels **Nahtlos machen**, Seite 122, so modifiziert werden, dass sie sich ohne sichtbare Kanten aneinander fügen lassen. Die bei GIMP vorinstallierten Standardmuster sind schon entsprechend vorbereitet.

Farbverlauf (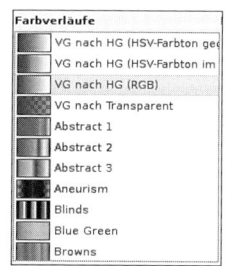)

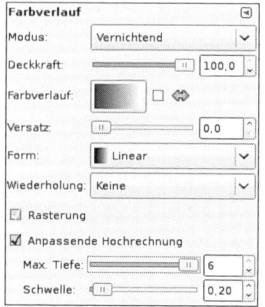

Dieses Malwerkzeug (Taste [l]) füllt voreingestellt die Auswahl mit einem Farbverlauf von der Vordergrund- bis zur Hintergrundfarbe. Die Richtung des Farbverlaufs definiert eine mit der Maus (bei gedrückter linker Maustaste) gezogene Linie, deren Länge die Feinheit der Farbabstufungen bestimmt.

Modus und **Deckkraft** definieren die bei allen Malwerkzeugen grundlegenden Eigenschaften der Funktion (Seite 42).

Farbverlauf stellt den Verlauf im Detail ein. Ein Klick auf den Button zeigt eine Liste von knapp 100 vordefinierten Verläufen. Neue definiert der Farbverlaufseditor (Seite 139). Ein Mausklick auf einen bestehenden Verlauf ermöglicht Veränderungen daran.

Der Doppelpfeil ⇔ kehrt den Verlauf um. Mit **Versatz** lässt sich der Anfangspunkt des Verlaufs verschieben, ohne den Endpunkt zu verändern, was die Anzahl der Farbabstufungen reduziert.

Unter **Form** stehen unterschiedliche Verlaufsformen zur Auswahl, beispielsweise Linien, Kreise, Spiralen, konische Verläufe, formangepasste, quadratische usw.

Wiederholung bietet zwei Möglichkeiten, die Verläufe zu wiederholen: **Sägezahn** beginnt bei der Vordergrundfarbe, läuft bis zur Hintergrundfarbe und wiederholt diesen Verlauf. **Dreieckswelle** wirkt ähnlich, invertiert den Verlauf aber in der zweiten Hälfte.

Rasterung bewirkt, dass GIMP fehlende Farben durch Pixelmuster erzeugt bzw. emuliert. **Anpassende Hochrechnung** benötigt deutlich mehr Rechenleistung, da GIMP dabei die Verläufe mit höherer Auflösung in mehreren durch **Tiefe** und **Schwelle** gesteuerten Schritten berechnet.

Farbverläufe füllen Auswahlen oder Ebenen. Als Malwerkzeuge verfügen sie über deren Modi, die sich hier oft nutzbringend einsetzen lassen. Neue Farbverläufe entstehen einfach aus der Kombination bestehender und geeigneter Modi (etwa Unterschied, Multiplikation usw.). Sie erzeugen auch den Glanz von Schmuckfarben wie Gold, Silber usw.

Um exakt horizontale oder vertikale Verläufe zu erzeugen, lassen sich (magnetische) Hilfslinien einsetzen.

Stift (✐) und Pinsel (✐)

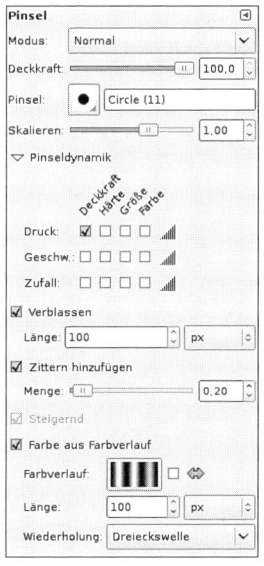

Die Malwerkzeuge Stift ([n]) und Pinsel ([p]) erzeugen Linien mit harten (Stift) bzw. weichen (Pinsel) Kanten in der Vordergrundfarbe. Beide arbeiten ähnlich und haben identische Optionen.

Modus und Deckkraft definieren grundlegende Eigenschaften der Malwerkzeuge (Seite 42). Pinsel wählt eine Pinselspitze aus, deren Name das nebenstehende Feld zeigt. Skalieren passt ihre Größe an. Die Pinseldynamik (Seite 43) erlaubt, Ausgaben der Pinsel systematisch zu variieren, wie bei realen Pinseln, und nutzt ein sensorisches Eingabegerät.

Verblassen reduziert die Deckkraft entlang des Strichs. Drei Varianten gibt es: Mit Länge und der Einheit px (und anderen Längeneinheiten) verringert sich die Intensität von 100 % linear auf Null. Bei »%« reduziert sich die Deckkraft relativ zur Strichlänge. Steigend bewirkt, dass mehrfaches Überstreichen eines Bereichs die Deckung erhöht, auch über den voreingestellten Wert hinaus. Ohne dies hat der erste Strich die maximale (eingestellte) Deckkraft, die sich auch bei mehreren Strichen nicht ändert.

Zittern hinzufügen variiert (gesteuert mit **Menge**) die Linie. Die Taste [⇑] erzeugt nur gerade Linien. **Farbe aus Farbverlauf** erlaubt, anstelle einer Farbe, Farbverläufe in der angegebenen **Länge** zu verwenden, die auch eine **Wiederholung** aufweisen können.

HINWEIS

[*Ctrl*] ([*Strg*]) verwandelt das Tool in die Farbpipette (Seite 32) und wählt so neue Vordergrundfarben im Bild aus.

Radierer (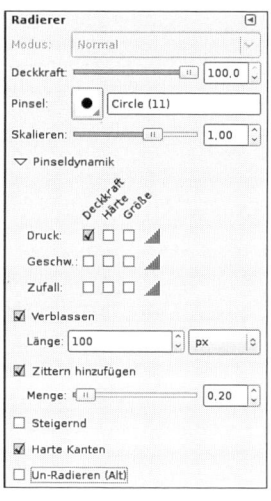)

Ein Radiergummi entfernt Farbe, arbeitet dabei ähnlich wie die Pinsel (Seite 47). Bei Ebenen mit Alphakanal erzeugt dieses Werkzeug (Taste [⇑][*e*]) Transparenz, sonst erscheint die Hintergrundfarbe. Der Radierer (ein Malwerkzeug) verfügt nur über einen Modus, **Deckkraft** steuert die Stärke. **Pinsel** wählt eine Pinselspitze aus, deren Namen das nebenstehende Feld zeigt. **Skalieren** verändert ihre Größe. Die **Pinseldynamik** erlaubt, die Wirkung des Radierers systematisch zu variieren, nutzt sensorische Eingabegeräte (Seite 43).

Verblassen reduziert die Deckkraft des Radierers entlang eines Strichs. Drei Varianten gibt es dabei: Mit **Länge** und der Einheit **px** verringert sich die Intensität von 100 % linear auf Null. Ähnlich wirken die anderen Längeneinheiten, »%« reduziert die Deckkraft relativ zur Strichlänge. **Steigend** bewirkt, dass mehrfaches Überstreichen eines Bereichs die Deckung erhöht, auch über den voreingestellten Wert hinaus. Ohne dies hat der erste Strich die maximale (eingestellte) Deckkraft, die sich auch bei mehreren Strichen nicht verändert. **Harte Kanten** begrenzt die Wirkung exakt auf die Pinselspitze.

[⇧] erlaubt nur gerade Linien. Der Radierer ändert bei einer schwebenden Auswahl deren Form.

Zusammen mit der Taste [lAlt] oder bei aktiviertem Un-Radieren hebt das Werkzeug bei Ebenen mit Alphakanal seine Wirkung wieder auf. Die Taste [Ctrl] ([Strg]) verwandelt es in die Farbpipette (Seite 32) zur Auswahl der Hintergrundfarbe, mit der es künftig arbeitet.

Airbrush, Sprühwerkzeug (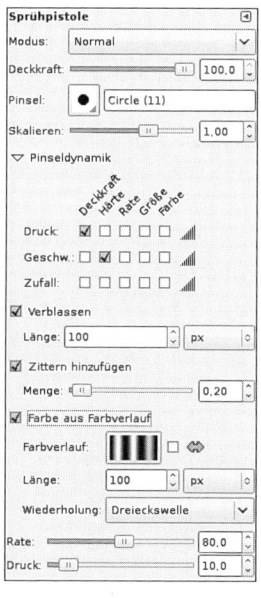)

Dieses Werkzeug (Taste [a]) füllt Flächen mit sehr weichen Rändern, weicher als die von Pinseln. Modus und Deckkraft definieren wie bei den anderen Malwerkzeugen die grundlegenden Eigenschaften der Malfunktion (Seite 42).

Pinsel wählt eine Pinselspitze aus, deren Name das danebenstehende Feld anzeigt. Skalieren ermöglicht, ihre Größe anzupassen. Pinseldynamik erlaubt, Ausgaben der Pinsel systematisch zu variieren, entsprechend realer Pinsel, benötigt aber ein sensorisches Eingabegerät (Seite 43).

Verblassen reduziert die Deckkraft des Pinsels entlang eines Strichs. Drei Varianten gibt es dabei: Mit Länge und der Einheit px verteilt sich die Intensität von 100 % linear auf Null. Ähnlich wirken die anderen Längeneinheiten. Bei der Einheit »%« reduziert sich die Deckkraft relativ zur Strichlänge. Steigend bewirkt, dass mehrfaches Überstreichen eines Bereichs die Deckung erhöht. Ohne dies hat der erste Strich die maximale (eingestellte) Deckkraft, die sich auch bei mehreren Strichen nicht verändert. Rate und Druck steuern die Ausgabemenge und

-geschwindigkeit relativ zur Mausgeschwindigkeit. Zittern hinzufügen variiert (gesteuert mit Menge) die Linie.

Farbe aus Farbverlauf erlaubt, anstelle einer Farbe Farbverläufe der Länge zu verwenden, die auch eine Wiederholung aufweisen kann.

HINWEIS

[Ctrl] ([Strg]) macht das Tool zur Farbpipette (Seite 32) und wählt neue Vordergrundfarben. [⇑] setzt gerade Linien.

Tinte, Kalligrafiewerkzeug (🖋)

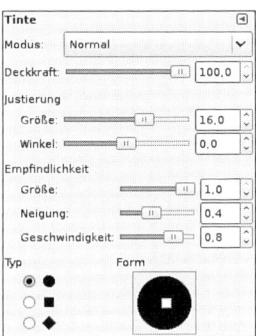

Das Kalligrafiewerkzeug (Taste [k]) emuliert eine harte Schreibfeder. Dabei beeinflussen Form und Größe der Spitze, aber auch die Geschwindigkeit beim Auftrag maßgeblich das Ergebnis, ebenso wie Winkel und Neigung. Modus und Deckkraft definieren grundlegende Eigenschaften (Seite 42).

Wesentliche Einstellungen erfolgen durch die Justierung, die Größe und den Winkel sowie die drei Parameter unter Empfindlichkeit. Hier steuert Größe die Ausgabemenge, Neigung legt fest, wie sehr die Spitze von der angegebenen Form abweicht, und Geschwindigkeit hat Einfluss auf die Strichstärke: Kleine Werte erzeugen breite Striche.

Unter Typ lässt sich die Spitzenform einstellen. Das kleine Quadrat in der Mitte erlaubt, die Grundformen asymmetrisch zu verzerren.

HINWEIS

Das Kalligrafiewerkzeug erfordert einige Übung. Einfacher ist es oft, einen Pinsel mit einer kalligrafischen Pinselspitze zu verwenden.

Bildinhalte kopieren: Klonen, Heilen

Beide Aktionen kopieren zuvor ausgewählte Teilbereiche eines Bildes auf unterschiedliche Arten zur Retusche in das aktuelle Bild.

Während »Klonen« die Bereiche nahezu unverändert einfügt, berücksichtigt »Heilen« die Struktur des Zielbereichs.

Beide Werkzeuge gehören zu den Malwerkzeugen, obwohl sie mit den klassischen, zuvor beschriebenen nur bedingt vergleichbar sind. Aber auch diese Werkzeuge verfügen über die typischen Optionen Modus, Deckkraft, Pinseldynamik und Zittern.

Klonen (⬚)

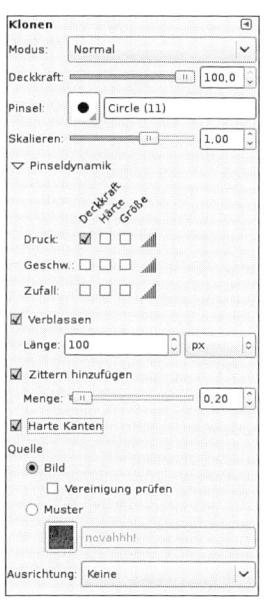

Das Klonwerkzeug (Taste [c]) wirkt wie ein Pinsel (Seite 47) oder Stempel: Mit der aktuellen Pinselspitze fügt es einen Bildbereich oder das aktuelle Muster (siehe Seite 67) in die Grafik ein; gewöhnlich erfolgt dies von den Rändern zur Mitte hin. GIMP kachelt das ausgewählte Muster automatisch. [Ctrl] wählt zusammen mit der linken Maustaste den Bereich aus, den später ein linker Mausklick oder [c] einfügt. Dabei bestimmt der aktuelle Pinsel die Größe des kopierten und eingefügten Bereichs.

Die Kloneigenschaften Modus und Deckkraft entsprechen denen anderer Malwerkzeuge (siehe Seite 42). Quelle legt fest, ob GIMP die kopierten Daten aus der aktuellen Grafik (Bild) oder einem (externen) Muster bezieht.

Ausrichtung stellt ein, wie GIMP mehrere mit dem Malwerkzeug vorgenommene Aktionen ausführt. Keine setzt das aktuelle Muster beginnend vom Referenzpunkt aus, jedesmal identisch, ähnlich wie dies auch ein spezieller Pinsel täte. (Fest kopiert immer nur den Referenzpunkt in der durch die Pinselspitze definierten Form.) Bei **Ausgerichtet** definiert der erste Strich die Position des Musters, alle weiteren Striche erfolgen relativ dazu, bewegt sich der Stempel in eine Richtung, wandert die Quelle gleichermaßen. Das bewirkt, dass sich mit zunehmender Dichte von Strichen das Muster immer stärker »durchpaust«.

Etwas Besonderes ist **Registriert**: GIMP »merkt« sich die mit [*Ctrl*]-Mausklick markierte *Ebene* und kopiert die dort vorhandenen Pixel in die aktuelle Ebene. Dies führt bestenfalls zu einer automatischen Anpassung des kopierten Bereichs, was einen natürlichen Eindruck vermittelt. (Die Ebenen können zum aktuellen Bild oder zu einem anderen, momentan geladenen, gehören.)

HINWEIS

Transparenz lässt sich nicht kopieren, aber die Deckkraft eines Bereichs kann erhöht werden. Klonen transparenter weißer (schwarzer) Pixel auf schwarze (weiße) erzeugt graue.

Klonen und Heilen erlauben die *automatische Anwendung entlang von Linien*. Nach einem Mausklick, der den Anfangspunkt definiert, wird zusammen mit der [⇑]-Taste der Endpunkt angegeben, der Rest erfolgt automatisch.

Heilen vs. Klonen: Beide Werkzeuge lassen sich ähnlich einsetzen und bedienen, benötigen aber einige Einarbeitung. Ihre Ergebnisse unterscheiden sich. Oft sind »weiche« Pinsel (fuzzy brushes) besser als harte geeignet, realistische Resultate zu erzeugen. Häufig werden beide Werkzeuge kombinert: zunächst Klonen, dann Heilen.

Heilen ()

Dieses Werkzeug (Taste [*h*]) ähnelt dem zum Klonen. Es versucht weitgehend automatisch (kleine) Bildbereiche so zu füllen, dass sie mit der Umgebung verschmelzen, wobei sich GIMP bemüht, vorhandene Strukturen zu erkennen und zu berücksichtigen.

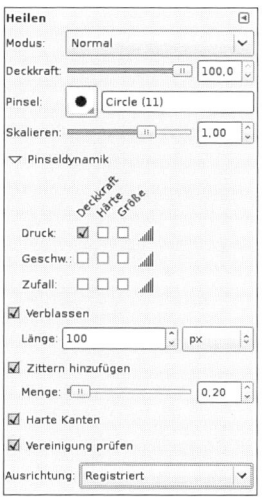

Heilen	
Modus:	Normal
Deckkraft:	100,0
Pinsel:	Circle (11)
Skalieren:	1,00

▽ Pinseldynamik

Deckkraft Härte Größe

Druck: ☑ ☐ ☐
Geschw.: ☐ ☐ ☐
Zufall: ☐ ☐ ☐

☑ Verblassen
Länge: 100 px

☑ Zittern hinzufügen
Menge: 0,20

☑ Harte Kanten
☑ Vereinigung prüfen
Ausrichtung: Registriert

Ein Pinsel ausreichender Größe kopiert dafür zunächst einen farblich passenden Bereich (Taste [Ctrl] und linke Maustaste). Anschließend wird mit diesem Stempel der zu reparierende Bereich angeklickt. Zusammen mit der [Shift]-Taste »heilt« GIMP entlang einer (eingeblendeten) Hilfslinie vom letzten zum aktuellen Punkt. Der Button **Vereinigung prüfen** bewirkt, dass GIMP nicht nur die aktuelle Ebene, sondern *alle* sichtbaren Ebenen einbezieht.

Die weiteren Eigenschaften dieses Werkzeugs entsprechen denen anderer Malwerkzeugs, insbesondere des Klonwerkzeugs. Analog dazu lässt sich mit **Quelle** festlegen, ob die eingefügten Bilddaten aus dem aktuellen Bild oder einem (externen) Muster stammen sollen. **Ausrichtung** entspricht der beim Klonwerkzeug, siehe Seite 51. Das gilt auch für die Einschränkungen bei der Transparenz.

Ein Beispiel für die Leistungsfähigkeit und Funktion dieses Werkzeugs zeigt Abbildung 5.

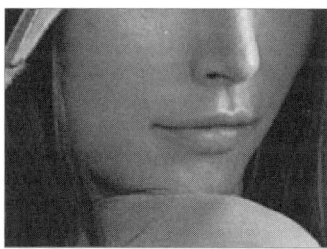 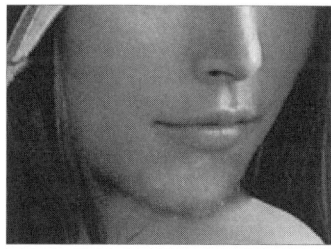

Abbildung 5: Heilen mit GIMP: Im Original (links) verdeckt die Schulter das Kinn.

Durch die Funktion »Heilen« lässt es sich schrittweise – abwechselnd von links und rechts annähend – Rekonstruieren. Das Klonwerkzeug ist dazu nicht in der Lage, da es die Kinnrundung nicht erzeugen kann. Etwas Nachbearbeitung fehlt noch: Durch weiteres Nachbearbeiten ließe sich die Qualität der Retusche noch verbessern ...

Perspektivisches Klonen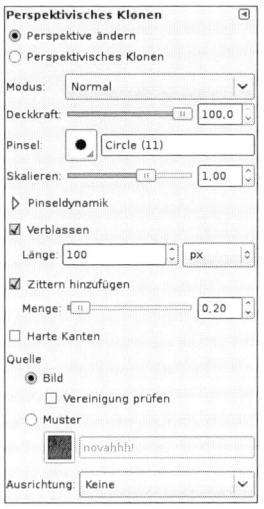

Dieses Werkzeug arbeitet ähnlich wie das zum Klonen (Seite 51) und das zum Heilen (Seite 52). Es berücksichtigt zusätzlich eine durch Fluchtlinien definierte Perspektive (analog zum Perspektivewerkzeug, siehe Seite 40), anhand derer GIMP das eingefügte Material korrigiert. Ein durch Linien aufgespannter Rahmen lässt sich an den Eckpunkten nach Belieben anpassen und steuert die Verzerrungen durch das Werkzeug.

Vorgehensweise: (1) Zuerst wird die Perspektive mit vier Hilfslinien definiert, (2) dann im Eigenschaftsfenster »Perspektivisches Klonen« aktiviert und die Quelle für das Klonwerkzeug ausgewählt, um (3) anschließend die Klonpunkte zu stempeln. Analog zum Heilen setzt die Taste [*Shift*] eine Hilfslinie, entlang derer das Werkzeug arbeitet. Die Perspektive lässt sich beliebig ändern, solange Perspektive ändern aktiv ist, mit Perspektivisches Klonen erfolgt das Klonen.

Einstellungen: **Perspektive ändern** wird zur Definition der Perspektive verwendet. **Perspektivisches Klonen** entspricht dann dem Klonwerkzeug (Seite 51) und unterstützt die gleichen Optionen. Wie dort veranlasst **Vereinigung prüfen** GIMP dazu, die Aktion auf alle Ebenen und nicht nur die aktuelle anzuwenden. **Ausrichtung** entspricht der des Klonwerkzeugs (Seite 51).

Weichzeichnen/Schärfen (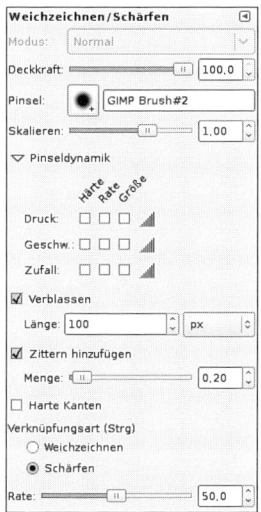)

Dieses Werkzeug (Taste [⇧][u]) schärft bzw. zeichnet den durch die Auswahl definierten Bereich durch Variieren des Kontrasts weich. Es handelt sich dabei um ein spezielles Malwerkzeug, das über viele der typischen Optionen verfügt, nicht aber über den **Modus**. Die **Deckkraft** legt fest, wie stark GIMP den Effekt aufträgt.

Verknüpfungsart steuert, ob das Werkzeug weichzeichnet oder schärft, die Taste [*Ctrl*] ([*Strg*]) schaltet dies um. **Rate** definiert die Größe der Wirkung.

Pinsel wählt eine Pinselspitze aus, deren Namen das danebenstehende Feld anzeigt. **Skalieren** ermöglicht, ihre Größe anzupassen. **Pinseldynamik** erlaubt, Ausgaben der Pinsel systematisch zu variieren, entsprechend realen Pinseln, nutzt dafür sensorische Eingabegeräte (Seite 43).

Verblassen reduziert die Deckkraft des Pinsels entlang eines Strichs. Drei Varianten gibt es dabei: Mit **Länge** und der Einheit **px** verringert sich die Intensität von 100 % linear auf Null. Ähnlich wirken die anderen Längeneinheiten. Bei der Einheit »%« reduziert sich die Deckkraft relativ zur Strichlänge. **Zittern hinzufügen** variiert (gesteuert mit **Menge**) die Linie. **Harte Kanten** begrenzt die Wirkung exakt auf die Pinselspitze.

HINWEIS

Weichzeichnen mit einer Richtungskomponente ist mit »Verschmieren« (Seite 56) möglich. Um ganze Bilder statt ausgewählter Bereiche zu bearbeiten, eignen sich die Filter zum Verbessern (**Unscharf maskieren**, Seite 118) eher, die allerdings auch mit einer geeigneten Auswahl lokal begrenzt wirken. Zum Schärfen empfiehlt das Handbuch, das Werkzeug mit Klonen (bei niedriger Deckkraft) zu kombinieren, um optimale Ergebnisse zu erhalten.

Verschmieren ()

Verschmieren (Taste [s]) nutzt eine besondere Form der Unschärfe. Die Maus erzeugt sie in Bewegungsrichtung. Es handelt sich dabei um ein spezielles Malwerkzeug, das über viele der typischen Optionen verfügt, nicht aber über den **Modus**. Die **Deckkraft** legt fest, wie stark

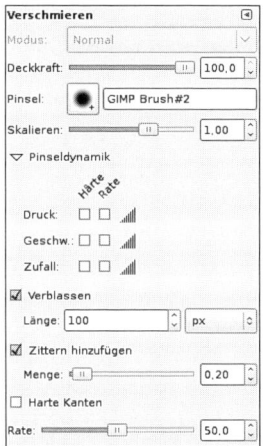

GIMP den Effekt aufträgt.

Verknüpfungsart steuert, ob das Werkzeug weichzeichnet oder schärft, die Taste [Ctrl] ([Strg]) schaltet dies um. **Rate** definiert die Größe der Wirkung.

Pinsel wählt eine Pinselspitze aus, deren Name das danebenstehende Feld anzeigt. **Skalieren** ermöglicht ihre Größe anzupassen. Die **Pinseldynamik** erlaubt, Ausgaben der Pinsel systematisch zu variieren, entsprechend realen Pinseln, benötigt aber ein sensorisches Eingabegerät (Seite 43).

Verblassen reduziert die Deckkraft des Pinsels entlang eines Strichs. Drei Varianten gibt es dabei: Mit **Länge** und der Einheit **px** verringert sich die Intensität von 100 % linear auf Null. Ähnlich wirken die anderen Längeneinheiten. Bei der Einheit »%« reduziert sich die Deckkraft relativ zur Strichlänge. **Rate** steuert die Stärke des Effekts. **Zittern hinzu-**

fügen variiert (gesteuert mit Menge) die Linie. Harte Kanten begrenzt die Wirkung exakt auf die Pinselspitze.

Abwedeln/Nachbelichten (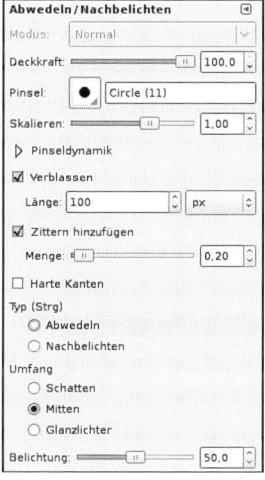)

Dieses Werkzeug (Taste [⇑][*d*]) emuliert die Bildentwicklung in einem Fotolabor: Durch Abwedeln lassen sich dort Bildbereiche heller und durch Nachbelichten dunkler darstellen. Typ wählt zwischen Abwedeln und Nachbelichten, [*Ctrl*] ([*Strg*]) schaltet die momentan ausgewählte Aktion um.

Die Deckkraft legt fest, wie stark GIMP den Effekt ausführt. Pinsel wählt eine Pinselspitze aus, deren Name das danebenstehende Feld anzeigt. Skalieren ermöglicht ihre Größe anzupassen. Die Pinseldynamik erlaubt, Ausgaben der Pinsel systematisch zu variieren, entsprechend realen Pinseln, benötigt aber ein sensorisches Eingabegerät (Seite 43).

Verblassen reduziert die Deckkraft des Pinsels entlang eines Strichs. Drei Varianten gibt es dabei: Mit Länge und der Einheit px verringert sich die Intensität von 100 % linear auf Null. Ähnlich wirken die anderen Längeneinheiten. Bei »%« reduziert sich die Deckkraft relativ zur Strichlänge.

Zittern hinzufügen variiert (gesteuert mit Menge) die Linie.

Harte Kanten begrenzt die Wirkung exakt auf die Pinselspitze.

Umfang begrenzt den Effekt auf bestimmte Bereiche (in der Auswahl): **Schatten** wirkt auf dunkle Bereiche, **Glanzlichter** auf die hellen und **Mitten** beeinflusst Farben mit mittleren Helligkeiten.

Belichtung steuert die Stärke des Effekts.

HINWEIS

Mit der Taste [⇧] verwischt GIMP entlang einer Linie vom letzten Mausklick zur aktuellen Position.

GIMPs Menüs

Neben dem Werkzeugkasten bilden die Menüs des Bildfensters die umfangreichsten Möglichkeiten zur Bearbeitung.

Viele Menüpunkte haben Tastenkürzel (»Shortcuts« oder »Hotkeys«), die den Aufruf oft benötigter Funktionen beschleunigen.

GIMP kann für den Menüpunkt unter der Maus eine Tastenkombination definieren (»[dynamische Tastenkombinationen]Dynamische Tastenkombinationen«), sofern dieses Feature im **Bearbeiten**-Menü unter **Einstellungen** im Punkt **Oberfläche** aktiviert wurde. Der Menüpunkt **Tastenkombinationen** erlaubt, sie zu modifizieren.

»Datei«-Menü: Erstellen, Speichern, Drucken usw.

Der erste Teil des **Datei**-Menüs enthält grundlegende Funktionen auf

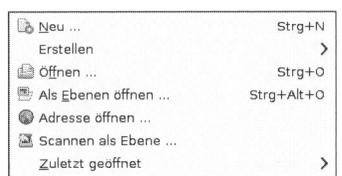

Datei- bzw. Projektebene. Projekte erscheinen grundsätzlich in einem neuen Bearbeitungsfenster.

Neu ... (Taste [Ctrl][n]) erstellt ein neues Bild in einem neuen, leeren Bildfenster und macht dieses zum aktuellen Projekt. Bestehende Projekte bleiben erhalten und geöffnet.

Erstellen fasst mehrere Möglichkeiten zusammen, die im oberen Teil beim Einlesen bestehender Files, im unteren in diversen Situationen hilfreich sind.

Aus Zwischenablage kopiert in der Zwischenablage enthaltene Grafikdaten in ein neues Bildfenster, wo GIMP sie als neues Bild bearbeitet.

Bildschirmfoto erstellt Bilder als Snapshots. Voreingestellt wird das aktuelle Fenster, auf Wunsch nach einer kurzen Verzögerung, aufgenommen. Als Besonderheit lässt sich der Fensterrahmen einbeziehen oder der gesamte Bildschirm aufnehmen. In diesem Fall ist GIMP in der Lage, den Mauszeiger mit aufzunehmen, was andere Programme nicht erlauben. Des Weiteren lässt sich die Aufnahme auf einen rechteckigen Bereich des Bildschirms begrenzen.

Neu in Version 2.6: Ein Plugin installiert den Menüpunkt **QuiteInsane**. Er bietet mit Scannen einen Zugriff auf QuiteInsane (*quiteinsane.sourceforge.net*), das derzeit leistungsfähigste SANE-Frontend zum Scannen, dessen Nutzung GIMP durch ein Plugin direkt ermöglicht. Es erlaubt auf einfache Weise das **Scannen** zu steuern, beispielsweise den einzuscannenden Bereich einzugrenzen oder die verwendete Auflösung festzulegen. GIMP importiert die Daten direkt in einen Speicher, wo sie sich weiter bearbeiten lassen.

Select Device wählt den verwendeten Scanner aus.

XSane-Device dialog ... öffnet xsane, das Standardfrontend zum Scannen mittels SANE. Es enthält alle üblichen Funktionen.

xscanimage stellt die in der GIMP-Version 2.6 aus Kompatibilitätsgründen verwendete Schnittstelle zu xscanimage dar.

Im unteren Teil des Menüs **Erstellen** befinden sich diese durch Plugins realisierten Punkte:

Schaltflächen erlaubt die Konstruktion »Schaltknopf«-artiger Elemente, auf denen eine Beschriftung mit ausgewählten Fonts möglich ist.

Zwei Varianten stehen zur Verfügung: **Einfach, abgeschrägt ...** (eckige Knöpfe mit abgeschrägten Kanten) und **Runder Knopf ...**

Logos funktionieren ähnlich: Das Menü dient der Konstruktion frei wählbarer Logos in vielen Varianten. Der Text, die verwendete Schrift und in einem weiten Bereich der gewünschte Effekt lassen sich auswählen. Siehe auch **Alpha als Logo**, Seite 124.

3-D-Umriss ...
Alien-Glow ...
Alien-Neon ...
Chrom ...
Comic-Heft ...
Einfach 1 ...
Einfach 2 ...
Farbverlauf ...
Frostig ...
Geschnitzt ...
Glänzend ...
Glühendheiß ...
Imigre-26 ...
Kaltes Metall ...
Kreide ...
Kristall ...
Kuhflecken ...
Leuchtreklame ...
Partikelspur ...
Schneller Text ...
Schräge...
SOTA Chrom ...
Sternenhaft ...
Text im Kreis ...
Texturiert ...
Webseiten-Überschrift ...
Zeitungsdruck ...
Zerfressen ...

Beim Laden von Grafikdateien versucht GIMP deren Grafikformat anhand der enthaltenen Daten zu ermitteln, *ohne die Extension des Dateinamens zu berücksichtigen*. Diese wertet GIMP nur aus, wenn das Format nicht eindeutig feststellbar ist.

Öffnen lädt ein neues Bearbeitungsfenster mit einer bestehenden Datei aus dem Dateisystem. **Als Ebene öffnen** lädt die Datei als neue Ebene in das aktuelle Bild. Dies ist auch via Drag&Drop vom Desktop aus möglich.

Adresse öffnen lädt eine Grafikdatei durch Angabe einer URL (aus dem lokalen Netzwerk oder Internet).

Zuletzt geöffnet enthält eine Liste der zuletzt mit dem Programm bearbeiteten Bilder. Die maximale Länge der Liste ist unter **Einstellungen** (siehe Seite 71) einstellbar.

Der letzte Punkt in der Liste **Dokumentenindex** öffnet ein kleines Journalfenster (siehe Seite 65) mit zuvor geladenen Bilder (wesentlich mehr als die zehn oben angezeigten), die sich dort auch zur erneuten Bearbeitung auswählen lassen.

Abbildung 6: GIMPs Standard-»Logos«

Beim **Speichern …** oder **Speichern unter** sichert GIMP den momentanen Zustand des (aktuellen) Bildes auf einem Datenträger in einem wählbaren Dateiformat. GIMP ermittelt es aus der Extension, es ist allerdings auch möglich, ein beliebiges (von GIMP unterstütztes) Dateiformat unabhängig davon festzulegen. Achtung: Die Möglichkeiten

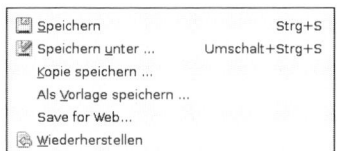

verschiedener Dateiformate unterscheiden sich teilweise erheblich (siehe Seite 160), sodass nur wenige geeignet sind, *alle von GIMP unterstützten Features* wie Ebenen, Farben (Abstufungen), Kompressionsgrad, Transparenz usw. abzuspeichern. Nur die GIMP-Dateiformate xcf und xjt (oder Archivvarianten) sind in der Lage, Undo-Informationen (und das Journal sowie Pfade) mitzuspeichern.

Zwei Dialoge präsentiert GIMP bei Bedarf: Einen, wenn das gewählte Dateiformat nicht über alle Funktionen verfügt, um die aktuelle Grafik unverändert aufzunehmen. In diesem Fall bietet GIMP die anstehenden Möglichkeiten an, Ebenen zu vereinigen, Transparenz umzurechen (einzuschränken) usw., die das Format zulässt. Zusätzliche Features, die das gewählte Ausgabeformat vielleicht bietet, wie etwa die Möglichkeit Kommentare aufzunehmen, den Kompressionsgrad einzustellen usw., erscheinen hier ebenfalls. Wenn möglich, zeigt GIMP das Ergebnis in einem Vorschaufenster.

Plugins erweitern von GIMP unterstützte Dateiformate. Für bestimmte Dateiformate (xcf, xjt) erlaubt GIMP eine zusätzliche Kompression der Dateien, gekennzeichnet durch Anhängen einer (weiteren) Extension wie zip, gz oder bz2.

Speichern und **Speichern unter …** speichern das aktuelle Bild im momentanen Zustand. Abhängig vom gewählten Ausgabeformat lassen sich die Ebenen einzeln (oder nur zusammengefügt) und bei xcf auch das Journal, Pfade und Undo-Informationen sichern.

Kopie speichern … erzeugt eine Kopie der eingelesenen Originaldatei (ohne möglicherweise vorgenommene Veränderungen).

Als Vorlage speichern … bewirkt, dass GIMP die Größe und den Farbbereich der aktuellen Grafik als neue Vorlage speichert. Als Eingabe fragt GIMP dabei einen Namen für die Vorlage ab. Vorlagen verwaltet der **Vorlagen**-Dialog (Seite 127) im **Fenster**-Menü unter **Andockbare Dialoge**.

Save for Web erscheint nur, wenn das entsprechende Plugin installiert ist, und ermöglicht für Webgrafiken optimiertes Speichern.

Wiederherstellen restauriert den letzten gespeicherten Bearbeitungsstand des Bildes. Dabei wird das Journal (siehe Seite 65) gelöscht, anhand dessen sich einzelne Bearbeitungsschritte nachvollziehen lassen, und das Bild neu in das Fenster geladen.

Drucken ... (Taste [*Ctrl*][*p*]) öffnet den Druckdialog, wie ihn das System zur Verfügung stellt. Eine Alternative bietet folgender Menüpunkt:

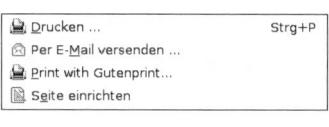

Drucken mit Gutenprint öffnet einen erweiterten Druckdialog, den das Gutenprint-Plugin bereitstellt, sofern es installiert ist.

Per E-Mail versenden ... erlaubt das Versenden des aktuellen Bildes als E-Mail(-Anhang). GIMP speichert es zunächst mit den üblichen Optionen und verschickt es mit den im Dialog angegebenen E-Mail-Adressen (Absender und Empfänger) und Text.

Seite einrichten öffnet einen Dialog zur Auswahl des voreingestellten Druckers, des voreingestellten Ausgabeformats und der Orientierung auf dem Ausgabemedium.

Die letzten drei Menüpunkte beenden die Bearbeitung der aktuellen oder aller Grafiken bzw. GIMP. Immer erfolgt eine Rückfrage mit der Möglichkeit zum Speichern, falls ungesicherte Änderungen vorhanden sind.

Schließen ([*Ctrl*][*w*]) beendet die Bearbeitung der aktuellen Grafik, **Alle schließen** wirkt analog für alle geöffneten Grafiken. **Beenden** zeigt eine Übersicht aller aktuell geöffneten Projekte vor dem Schließen.

»Bearbeiten«: Un-&Redo, Cut&Paste, Konfiguration

Das **Bearbeiten**-Menü enthält in vier Sektionen grundlegende Bearbeitungsfunktionen für Bilder. Der erste Abschnitt umfasst Funktionen für die Ablaufsteuerung, der zweite allgemeine Editierfunktionen

und der dritte eine Sammlung unterschiedlicher Funktionen. Der vierte enthält globale Voreinstellungen.

Rückgängig: ... (Undo) erlaubt das Zurücknehmen des letzten Bearbeitungsschritts, wie dies voreingestellt auch der Shortcut [*Ctrl*][*z*] macht. **Wiederherstellen** (Redo) hebt das letzte Undo wieder auf. Solange nur Undo und Redo (in beliebiger Reihenfolge) aufgerufen wird, bleiben die Bearbeitungsschritte erhalten. Andere Funktionen führen dazu, das vorherige Schritte nicht mehr rückgängig gemacht werden können. Das Journal protokolliert die Bearbeitungsschritte.

Anwendungsbeispiel für Undo und Redo: Ein Bild wird geladen und bearbeitet, etwa beschnitten. Versehentlich wird es mit [*Ctrl*][*s*] gespeichert (und die Originaldatei überschrieben). Mittels Undo – [*Ctrl*][*z*] – wird nun das Original restauriert und erneut durch [*Ctrl*][*s*] gespeichert. Nun lassen sich durch Redo – [*Ctrl*][*y*] – die gewünschten Änderungen erneut vornehmen und das Bild korrekt unter einem anderen Namen mit [*Ctrl*][⇑][*s*] speichern. Achtung: Einige Funktionen sind unumkehrbar, beispielsweise das Speichern oder Kopieren in die Zwischenablage oder das Schließen der Grafik.

Journal öffnet im Dock ein Fenster mit dem Verlaufsprotokoll. Es zeigt die einzelnen Bearbeitungsschritte des Bilds und lässt sie erneut

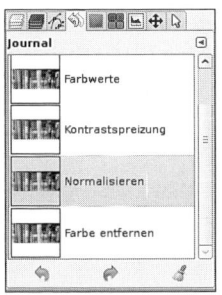

auswählen, um die Bearbeitung von dort fortzusetzen. Die Buttons am unteren Rand wirken wie **Undo** und **Redo** bzw. löschen das Journal.

Verblassen Dieser Menüpunkt gehört nur bedingt in diese Kategorie: Er verändert *nachträglich* Deckkraft oder Modus von mit Malwerkzeugen (Seite 42), Farbverläufen (Seite 46) oder einigen Filtern (Seite 116) erzeugten Effekten (nur die letzte Operation), und erlaubt so, sie zu korrigieren.

Die Editierfunktionen von GIMP arbeiten wie erwartet und nutzen wie üblich voreingestellt die Zwischenablage und *wirken nur auf der aktuellen Ebene.* Beim Einfügen erzeugt GIMP eine temporäre (»schwebende«) Ebene. *Alle folgenden Aktionen beziehen sich auf diese Ebene, bis sie verankert wird.*

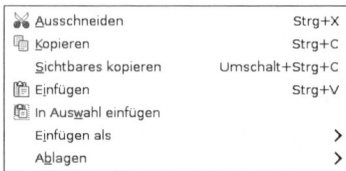

Ausschneiden ([*Ctrl*][*x*]) entfernt den aktuell markierten Bereich (Auswahl, Seite 74) oder ohne Auswahl die aktuelle Ebene und kopiert dieses Material in die Zwischenablage. Ohne Alphakanal scheint dann die Grundfarbe durch, mit Alphakanal entsteht Transparenz. Die Tastenkombination [*Ctrl*][*c*] (**Kopieren**) übernimmt das Material direkt in die Zwischenablage.

Bei mehrfachem Ausschneiden oder Kopieren bewahrt GIMP nur das letzte Material in der Zwischenablage auf. Es ist allerdings möglich, »benannte Ablagen« zu verwenden, siehe **Ablagen** (Seite 68).

Einfügen ([*Ctrl*][*v*]) setzt ausgeschnittene Bereiche wieder »schwebend« ein, siehe schwebende Auswahl (bzw. Ebene, Seite 74). [*RETURN*] verankert sie. Eine aktive Auswahl definiert den Mittelpunkt des einzufügenden Bereichs, ohne aktive Auswahl erfolgt das Einfügen in der Bildmitte, von wo aus sie sich verschieben lässt.

In Auswahl einfügen wirkt analog, beschneidet aber den einzufügenden Bereich auf die Form und Größe der aktiven Auswahl. Der eingefügte Bereich lässt sich aber (nachträglich) verschieben.

Das Menü **Einfügen als** enthält vier Punkte, um ausgeschnittene bzw.

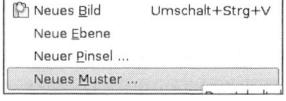

kopierte Bereiche weiterzuverarbeiten: **Neues Bild** erzeugt ein neues Bild mit eigenem Fenster, **Neue Ebene** eine neue Ebene im aktuellen.

Neuer Pinsel speichert das kopierte Material als »neuer Brush«, der sich später wie die vordefinierten Pinsel (siehe Seite 47) nutzen lässt. Dazu öffnet GIMP einen Dialog, um die wichtigsten Parameter einzustellen: Pinselname definiert den Namen des Pinsels im Pinselwerkzeug, Dateiname legt fest, in welcher Datei der Pinsel unter .gimp-2.*Version*/brushes/ im Homeverzeichnis gespeichert wird (mit Extension gbr). **Abstand** stellt die Schrittweite ein, in der dieser Pinsel die enthaltene Bitmap ausgibt. Kleine Werte erzeugen eine durchgezogene Linie, große eine gebrochene Linie, im Pinseldock lässt sich der Abstand ändern. Dort erscheint auch immer der aktuelle Inhalt der Zwischenablage als »temporärer« Pinsel (als erster Eintrag).

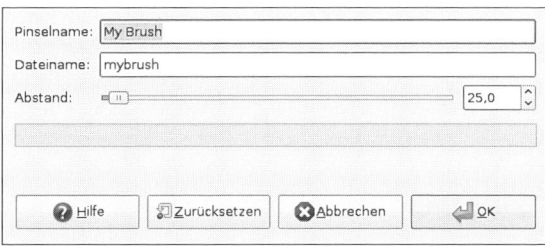

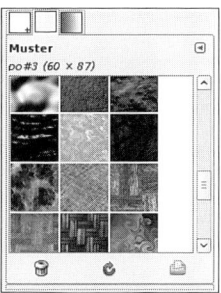 Mit **Neues Muster** ... lässt sich ein neues Muster definieren, das später zum Füllen verwendet werden kann. Es öffnet sich der Musterdialog (Seite 146), um einen Namen für ein Muster und einen Dateinamen anzugeben. Muster speichert GIMP unter `.gimp-2.`*Version*`/patterns` (im Homeverzeichnis, Extension `pat`). Achtung: GIMP übernimmt nur in der Zwischenablage enthaltenes Material in das Muster, sodass die Auswahl zuvor kopiert werden muss. Später lassen sich Muster mit

Mit Muster füllen (Seite 69) in eine beliebige Auswahl einfügen. Falls diese größer als das Muster ist, kachelt GIMP den Bereich. Aktuell vorhandene Muster zeigt GIMP in Musterdock an.

HINWEIS

Muster und Pinsel: Muster werden durch Klonen, Kopieren und beim Füllen eingesetzt, um größere Bereiche in einer Grafik auszufüllen bzw. zu verändern. Neben GIMPs eigenem `pat`-Format lassen sich auch `png`-, `jpeg`-, `gif`-, `tiff`- und `bmp`-Grafiken als Muster verwenden. Pinsel dienen eher zur Manipulation kleiner Bereiche, die sie auf viele unterschiedliche Arten verändern können.

Beide lassen sich mit der Deckkraft dosiert anwenden.

Ablagen: Voreingestellt verwendet GIMP die sogenannte »aktive Ablage« – die Zwischenablage –, um ausgeschnittenes oder kopiertes

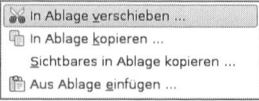

Material zwischenzuspeichern. Bei Bedarf gibt es weitere Ablagen – sogenannte »benannte Ablagen« –, um das Material aufzubewahren.

Die Buttons haben folgende Funktionen: **Ausgewählte Ablage einfügen** (wie Einfügen), **Ablage in Auswahl einfügen**, **Neues Bild aus der Ablage erzeugen** und **Gewählte Ablage löschen**.

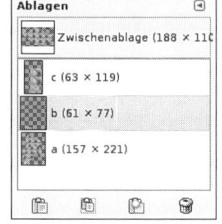

In Ablage verschieben ... und **In Ablage kopieren ...** verschiebt bzw. kopiert die aktuelle Auswahl in der aktiven Ebene in eine Ablage. **Sichtbares in Ablage kopieren** wirkt analog für alle sichtbaren Ebenen. **Aus Ablage einfügen ...** kopiert diese Bereiche wieder in die aktive Ebene.

HINWEIS

GIMP kann im Prinzip beliebig viele Ablagen verwalten. Ihr Inhalt wird nicht in der aktuellen Grafik gespeichert (sofern er nicht explizit in eine Ebene kopiert wurde) und geht beim Programmende bzw. Schließen des Bildes verloren.

Löschen (oder [*Entf*]) löscht die aktuelle Auswahl in der aktiven Ebene (ohne sie in die Zwischenablage aufzunehmen). Bei Ebenen mit Alphakanal führt dies zu Transparenz, sonst erscheint die Hintergrundfarbe. Mit der Eigenschaft »Un-Radieren« kann der Radierer (Seite 48) bei Ebenen mit Alphakanal Gelöschtes restaurieren. Die aktuelle Auswahl bleibt erhalten.

Mit **Vordergrundfarbe füllen** ([*Ctrl*][,]) bzw. **Mit Hintergrundfarbe füllen** ([*Ctrl*][.]) lässt GIMP die aktuelle Auswahl mit der aktuellen Vordergrund- bzw. Hintergrundfarbe füllen, wie sie der Werkzeugkasten (Seite 17) eingestellt hat und anzeigt. Ändern lassen sich die Farben durch

---

einen Mausklick auf die Farbfelder, was die Farbauswahl (Seite 138) öffnet.

Mit Muster füllen ([*Ctrl*][;]) verwendet zum Füllen mit einem Muster das aktuelle Muster; ein anderes lässt sich im Musterdock (siehe Seite 146) auswählen. GIMP kachelt die Auswahl lückenlos.

Auswahl nachziehen ... veranlasst GIMP, die aktuelle Auswahl mit einem Pinsel nachzuzeichnen. GIMP verwendet entweder einen konfigurierbaren Stift oder aber auch ein beliebiges anderes Malwerkzeug (siehe Seite 42), mit den entsprechenden Optionen.

Die Optionen für das Nachziehen bzw. den Stift entsprechen denen für Pfade (siehe Seite 136) und haben zumeist unmittelbar einsichtige Bedeutungen: **Linienbreite** stellt diese ein, **Vollfarbe** oder **Muster** wählen die Art der Linienfüllung aus.

Linienstil fasst die Optionen für die Darstellung von Linien zusammen: **Aufsatzstil** definiert Linienanfang und Linienende in den Varianten **Stumpf**, **Rund** und **Quadratisch**. **Verbindungsstil** (**Gehrung**, **Rund**, **Schräg**) legt fest, wie GIMP Pfadelemente zusammenfügt; **Gehrungslimit** definiert, wann GIMP Linienenden abschrägt.

Unter **Strichmuster** lässt sich ein Verlaufsmuster für Striche definieren. **Vordefinierter Strich** enthält zahlreiche vorab definierte Varianten. Mit aktivierter **Kantenglättung** erzeugt GIMP weichere Kurven.

Mit Hilfe eines Malwerkzeugs nachziehen erlaubt, eines der Malwerkzeuge (siehe Seite 42) auszuwählen. Neben klassischen Malwerkzeugen wie Stift (Seite 47), Pinsel (Seite 47), Sprühwerkzeug (Seite 49), Tinte (Seite 50) und Radierer (Seite 48) bietet GIMP auch das Klonen (Seite 51), Heilen (Seite 52) und Perspektivisches Klonen (Seite 54) an. Auch Verknüpfungen (entspricht dem Werkzeug Weichzeichnen/Schärfen, Seite 55), Verschmieren (Seite 56) und Abwedeln (Seite 57) sind möglich, wobei GIMP auch die **Pinseldynamik** unterstützt.

Pfad nachziehen ... wirkt analog für den aktuellen Pfad (Seite 136).

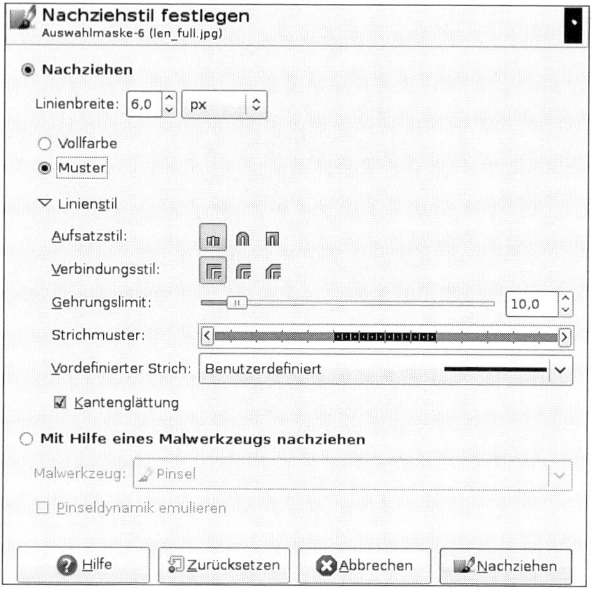

Nachziehstil festlegen
Auswahlmaske-6 (len_full.jpg)
Nachziehen
Linienbreite: 6,0 px
Vollfarbe
Muster
Linienstil
Aufsatzstil:
Verbindungsstil:
Gehrungslimit: 10,0
Strichmuster:
Vordefinierter Strich: Benutzerdefiniert
Kantenglättung
Mit Hilfe eines Malwerkzeugs nachziehen
Malwerkzeug: Pinsel
Pinseldynamik emulieren
Hilfe
Zurücksetzen
Abbrechen
Nachziehen

Abbildung 7: Die Optionen für Auswahl nachziehen ... bzw. Pfad nachziehen ..., Seite 69

ohne »Pinseldynamik emulieren«
»Pinseldynamik emulieren« aktiv

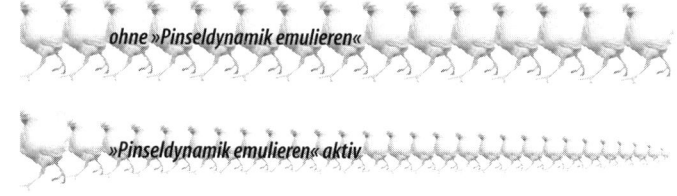

Abbildung 8: Die Pinseldynamik verkleinert hier bei jedem Einfügen die Pinselbitmap

Konfiguration

Folgende Menüpunkte erlauben eine Anpassung von GIMP an Vorlieben und Bedürfnisse des Anwenders. Ihre Einstellungen speichert die Datei gimprc im lokalen Konfigurationsverzeichnis (~/.gimp-2.*version*).

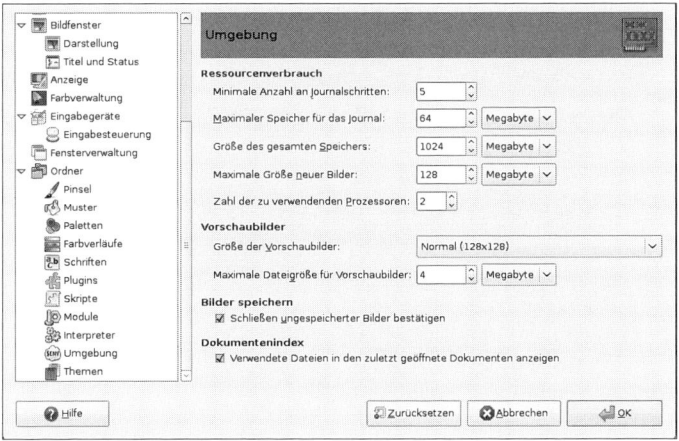

Abbildung 9: Einstellungen für GIMP

Einstellungen konfiguriert in vielen Dialogen Details der Oberfläche (beispielsweise das Fensterverhalten) und interner Funktionen (Pfade für Auslagerungsdateien usw.). Diese Dialoge gibt es:

- Umgebung konfiguriert Ressourcenverbrauch (u. a. für Undo), Vorschaubilder, Speicherverhalten und den Dokumentenindex (zuletzt geöffnete Dateien).

- Oberfläche stellt Vorschaubilder und Tastenkombinationen ein; Dynamische Tastenkombinationen erlaubt dem Anwender eigene Tastenkombinationen für Menüpunkte zu vergeben, über denen gerade der Mauszeiger steht.

- Thema wählt ein Thema für die Programmdarstellung.

- Hilfesystem konfiguriert den Hilfe- und Internet-Browser und zeigt, ob lokale Hilfedateien installiert sind.

- **Werkzeugeinstellungen** definiert unter **Allgemein**, ob Werkzeuge ihre aktuellen Einstellungen beim Beenden speichern und ob GIMP bei ihrem Aufruf Voreinstellungen lädt. Weitere Einstellungen sind für magnetische Hilfslinien (Raster, siehe Menü **Ansicht**, Seite 82) Skalierung (Interpolationsmodus), Zeicheneinstellungen und das Verschiebewerkzeug möglich. Letzteres definiert die Voreinstellung für das Verschiebewerkzeug: die aktive Ebene oder den Pfad.

- **Werkzeugkasten** steuert dessen Darstellung.

- **Neues Bild** legt die Voreinstellungen für neue Bilder und einige erweiterte Einstellungen fest.

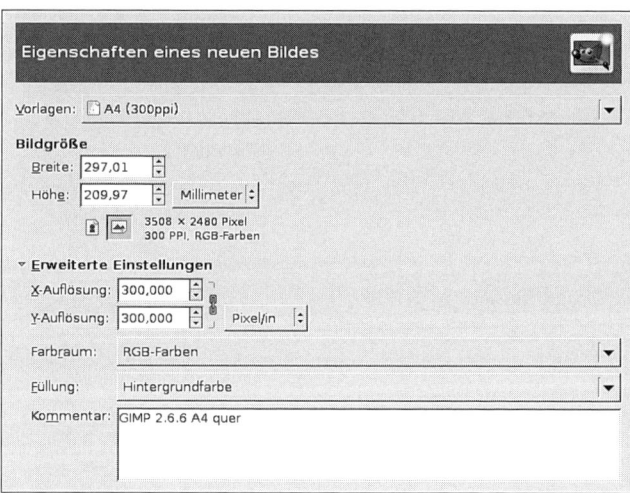

- **Standardraster** definiert dessen Aussehen, Abstand und Versatz.

- **Bildfenster** konfiguriert verschiedene Aspekte des Arbeitsfensters, von Auswahlen, des Mauszeigers und der Leertaste.

- **Darstellung** definiert die Voreinstellungen für das Bildfenster. Dabei sind Konfigurationen für zwei Modi möglich: den »Normalmodus«, in dem das Bildfenster einen Rahmen erhält, und den »Vollbildmodus«.

- **Titel und Status** steuert die Darstellung von Titel und Statuszeile.

- **Anzeige** stellt den (transparenten) Hintergrund und Bildschirm ein. Der Modus **Manuell** dient zur manuellen Einstellung der Bildschirm- bzw. Monitorauflösung, die oft von automatisch ermittelten Werten abweicht.

- **Farbverwaltung** definiert die Art der Darstellung von Farben (auf dem Bildschirm und bei der Druckausgabe) durch Farbprofile. Diese sind in Dateien mit der Extension icc gespeichert. Unterschiedliche Distributionen bringen verschiedene Sets mit. Im Internet lassen sich von der Adobe-Website Archive mit weitverbreiteten Farbprofilen laden. **Farben außerhalb des Gamut markieren** bewirkt, dass GIMP nicht druckbare Farben markiert.

- **Eingabegeräte** erlaubt zusätzliche Eingabegeräte für GIMP anzupassen, um beispielsweise weitere Maustasten (oder Mausräder) zu nutzen.

- **Fensterverwaltung** legt die Zusammenarbeit mit dem Windowmanager fest und steuert damit Fokus und Fensterposition. Nicht alle Windowmanager unterstützen alle Optionen.

- **Ordner** wählt die Verzeichnisse für temporäre Daten.

Tastenkombinationen entspricht etwa **Tastenkombinationen** aus dem vorigen Menüpunkt und zeigt die dabei intern aufgerufenen Funktionen.

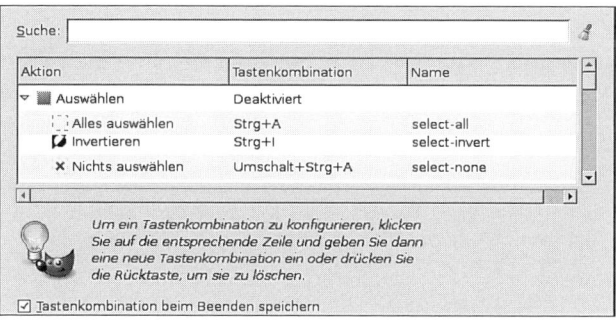

Module verwaltet einige spezielle Plugins. **Speicherort** zeigt deren Pfad.

Einheiten öffnet den sogenannten »Einheiteneditor«, mit dem der Anwender eigene Längeneinheiten definieren können.

Menü »Auswahl«

Eine Auswahl begrenzt bestimmte Bereiche einer Ebene (oder mehrerer Ebenen, also einer Grafik) zur weiteren Bearbeitung. Zwei unterschiedliche Modi zeigen die aktuelle Auswahl an: Voreingestellt verwendet GIMP die sogenannten »running ants«, eine an laufende Ameisen erinnernde Linie zur Kennzeichnung der aktuellen Auswahl. GIMP markiert durch die Ameisenlinie Bereiche, die zu genau 50 % ausgewählt sind. Mit der sogenannten »Schnellmaske«, siehe Seite 80, gibt es eine von PhotoShop inspirierte Möglichkeit, die aktuelle Auswahl anzuzeigen.

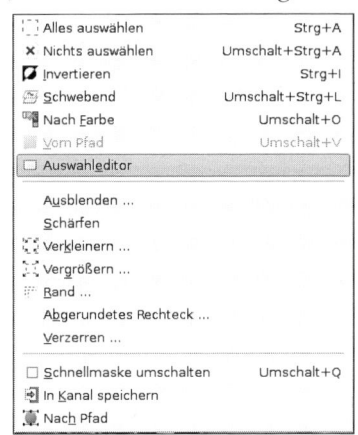

Auswahlen lassen sich auch mit dem Auswahleditor anzeigen und bearbeiten, siehe Seite 75.

Eine »schwebende Auswahl« verwendet GIMP wie eine temporäre Ebene, die bis zu ihrer Verankerung nicht bearbeitet werden kann. Sie enthält zuvor ausgeschnittenes oder kopiertes Material. Zur weiteren Verarbeitung wird sie entweder mit einer bestehenden Ebene verschmolzen (Menü **Ebene**, Menüpunkt **Ebene verankern**, Seite 91) oder als neue Ebene (Menü **Ebene**, Menüpunkt **Neue Ebene ...**, Seite 91) eingefügt. Achtung: *Eine schwebende Auswahl im Bild verhindert die Bearbeitung anderer Ebenen.*

Um Auswahlen wiederverwenden zu können, lassen sie sich als Pfade (siehe **Nach Pfad**, Seite 81) oder Kanal (**In Kanal speichern**, Seite 81) speichern.

Die Umschalt-Taste ([⇧]) ergänzt eine bestehende Auswahl um eine weitere, [Ctrl] entfernt sie davon, und mit beiden verwendet GIMP die Schnittmenge der Auswahlen.

Von besonderer Bedeutung ist bei komplizierten Auswahlen die Schnellmaske, Seite 80.

Das **Auswahl**-Menü enthält Funktionen zum Erstellen und Bearbeiten von Auswahlen, von denen viele nur hier erreichbar sind.

Alles auswählen (Taste [*Ctrl*][*a*]) wählt die gesamte Grafik bzw. aktuelle Ebene aus. **Nichts auswählen** (Taste [⇧][*Ctrl*][*a*]) löscht die aktuelle Auswahl, ignoriert aber schwebende Auswahlen.

Invertieren (Taste [*Ctrl*][*i*]) tauscht momentan ausgewählte und nicht ausgewählte Bereiche.

Schwebend (Taste [⇧][*Ctrl*][*l*]) wandelt die aktuelle Auswahl in eine schwebende Auswahl um.

Nach Farbe (Taste [⇧][*o*]) startet die globale Farbauswahl (Seite 27).

Vom Pfad ([⇧][*v*], 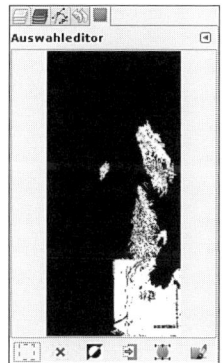) wandelt den aktuellen Pfad in eine (aktive) Auswahl um. Diese Funktion steht auch im Pfaddialog zur Verfügung. GIMP schließt offene Pfade automatisch mit einer Geraden zwischen Anfangs- und Endpunkt.

Der Auswahleditor

Auswahleditor aktiviert den Auswahleditor, der die aktuelle Auswahl anzeigt. Intern realisiert GIMP die Auswahl als »Kanal«; sie lässt sich daher entsprechend bearbeiten, beispielsweise speichern. Auch weiche Übergänge lassen sich so verwenden, was zu einer »unscharfen Auswahl« führt (die in Pfaden aber nicht berücksichtigt werden). Die von GIMP mit den »laufenden Ameisen« angezeigte Auswahl umfasst Bereiche mit mindestens 50-prozentiger Auswahl.

Der Auswahleditor ermöglicht schnellen Zugriff auf wichtige Funktionen zum Bearbeiten von Auswahlen: (unten, von links nach rechts) Alles auswählen, Nichts auswählen, Auswahl invertieren, Auswahl als Kanal speichern, Pfad aus Auswahl [erzeugen], Umriss [der Auswahl] nachzeichnen. Zusammen mit der Umschalttaste ([⇧]) erscheint der Dialog in Abbildung 10. Die Parameter sind sehr technisch und nur unzureichend dokumentiert.

Align Threshold definiert die Positionsabweichung, ab der GIMP Punkte zusammenfasst.

Align Threshold:		0,50
Corner Always Threshold:		60,00
Corner Surround:		4
Corner Threshold:		100,00
Error Threshold:		0,40
Filter Alternative Surround:		1
Filter Epsilon:		10,00
Filter Iteration Count:		4
Filter Percent:		0,33
Filter Secondary Surround:		3
Filter Surround:		2
	☐ Keep Knees	
Line Reversion Threshold:		0,010
Line Threshold:		0,50
Reparametrize Improvement:		0,01
Reparametrize Threshold:		1,00
Subdivide Search:		0,10
Subdivide Surround:		4
Subdivide Threshold:		0,03
Tangent Surround:		3

Abbildung 10: Erweiterte Optionen bei Auswahl zu Pfad, den Dialog erzeugt 🔳 mit [⇧]

Corner Always Threshold definiert den Winkel zwischen vorigen, aktuellen und folgenden Punkten, ab der GIMP ihn als Eckpunkt interpretiert, unabhängig davon, wo er liegt. Corner Surround ist die Punktanzahl, anhand derer GIMP Eckpunkte ermittelt. Corner Threshold entspricht Corner Always Threshold für Punkte, die in keiner Eckumgebung liegen.

Error Threshold ist der maximal zulässige Fehler, um Splines zu konstruieren; GIMP rechnet weiter, bis diese unterschritten wird.

Filter Alternative Surround ist die bei Filtern berücksichtigte Punkteanzahl in der Umgebung. **Filter Epsilon** ist der Grenzwinkel, ab dem GIMP statt mit **Filter Surround** mit **Filter Alternative Surround** rechnet. **Filter Iteration Count** legt fest, mit wie vielen Berechnungen Punkte für Filter angeglichen werden. Hohe Werte verbessern das Ergebnis, führen aber gelegentlich zu chaotischen Werten. **Filter Percent** ist der Werteanteil umgebender Punkte in Filtern.

Filter Secondary Surround: Punkteanzahl für Filter, falls **Filter Surround** nicht funktioniert. **Filter Surround** ist die Anzahl Nachbarpunkte für einfache Filterberechnungen.

Keep Knees ermöglicht, Kniepunkte zu speichern.

Line Reversion Threshold definiert den Abstand von Splines zu Geraden, ab dem GIMP sie als Gerade verwendet. **Line Threshold** definiert die Anzahl abweichender Punkte, bis zu der GIMP ein Spline als Gerade verwendet.

Reparametrize Improvement ist die minimale prozentuale Verbesserung, bei deren Unterschreitung GIMP Algorithmen anhält. **Reparametrize Threshold** definiert eine Schwelle, ab der das Verändern von Parametern keine Verbesserung mehr bringt.

Subdivide Search ist der maximale Prozentsatz von Kurvenabweichungen, ab dem GIMP nach besseren Stellen sucht.

Subdivide Surround definiert die Anzahl von Punkten für die Entscheidung.

Subdivide Threshold ist die maximale Abweichung der Punkte von einer Geraden, um noch berücksichtigt zu werden.

Tangent Surround definiert die berücksichtigten Umgebungspunkte.

Einige Details zu diesen Parametern enthält die Originaldokumentation in der Datei `gimp-selection-dialog.html`, üblicherweise unter */usr/share/gimp/2.0/help/en/*.

Der Editor wird hauptsächlich für die Darstellung der aktuellen Auswahl verwendet. Er lässt sich dauerhaft im Dock anbringen. Ein Mausklick in das Editorfenster aktiviert die Funktion **Nach Farbe** (globale Farbauswahl, , Seite 27) und verändert sie entsprechend.

Auswahlen bearbeiten

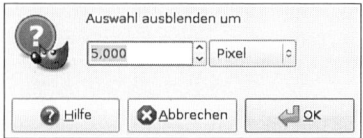

Ausblenden ... erlaubt, die Kanten der Auswahl nachträglich weich auszublenden, wie dies viele Malwerkzeuge als Option **Kanten ausblenden** anbieten.

Der Dialog **Auswahl ausblenden um** stellt die Breite des weichen Auswahlbereichs ein.

Schärfen wirkt umgekehrt und reduziert die unscharfe Auswahl auf vollständig ausgewählte Bereiche und entfernt Kantenglättungen.

HINWEIS

Wie bei Auswahlwerkzeugen markiert hier die Auswahllinie den Bereich, mit 50 % ausgewählten Pixeln. Verblassen verteilt die (neue, zusätzliche) Auswahl symmetrisch inner- und außerhalb des schon ausgewählten Bereichs.

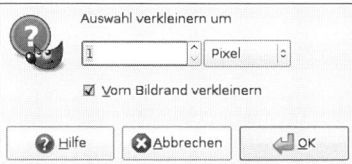

Verkleinern ... und **Vergrößern ...** ermöglicht die aktuelle Auswahl um eine in dem Dialog eingestellte Länge zu verändern, indem GIMP sie um den entsprechenden Betrag

verschiebt. Erhält weiche Kanten (unscharfe Auswahlen). Damit lassen sich beispielsweise genaue Zuschnitte (Seite 35) machen, viel besser als dies manuell möglich ist. Beim Verkleinern bietet GIMP mit **Vom Bildrand verkleinern** noch an, die Auswahl parallel zum Bildrand zu erstellen. Beim Vergrößern rundet GIMP die Ecken ab.

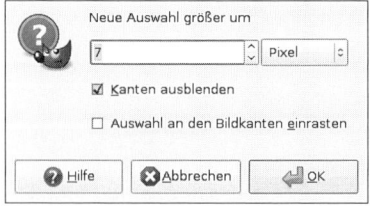

Rand ... erzeugt aus der aktuellen Auswahl eine um den im Dialog eingestellten Wert verschobene neue Auswahl. So verschwinden kleine Unebenheiten (wie **Kanten glätten**) und isolierte, dicht nebeneinander liegende Auswahlen vereinigt GIMP. **Kanten ausblenden** wirkt wie bei Malwerkzeugen und ermöglicht weiche Übergänge/Ränder ausgewählter Bereiche. **Auswahl an den Bildkanten einrasten** erhält die Form eingerasteter Auswahlen.

Abgerundetes Rechteck … erzeugt aus einer beliebigen Auswahl eine sie einschließende, rechteckige Auswahl mit abgerundeten Ecken. Ohne

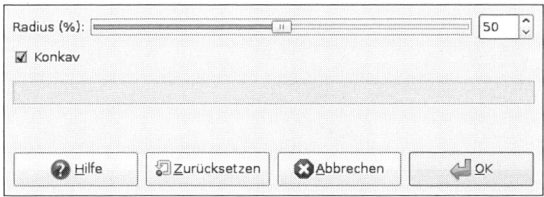

die Option **Konkav** erzeugt GIMP Rechtecke mit konvexen Ecken, deren **Radius** einstellbar ist, mit ihr subtrahiert GIMP die Ecken und erzeugt so konkave Aussparungen.

Neu in Version 2.6 (aus dem script-fu-distress-selection-Plugin): **Verzerren …** wirkt ähnlich wie **Verzerren** (Seite 118) im **Filter**-Menü, aber für beliebig geformte Auswahlen. Anhand mehrerer Parameter berechnet GIMP die ursprüngliche Auswahl in eine andere um, deren Ränder sehr ausgefallen sein können und Fraktalen ähneln. **Schwellwert** definiert, welche Teile der Auswahl GIMP für die Berechnung berücksichtigt. **Verteilung** steuert den Abstand (Wellenlänge) und **Körnigkeit** die Größe (Amplitude) fraktalen Strukturen, die den neuen Rand bilden.

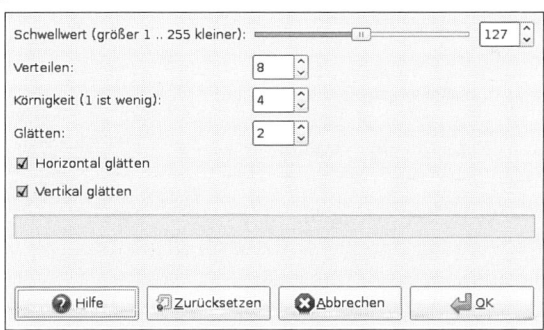

Anschließend lassen sich die so erzeugten Ränder noch nachbearbeiten mit **Horizontal glätten** bzw. **Vertikal glätten**.

Die Schnellmaske

Schnellmaske umschalten (Taste [⇧] [q]) schaltet die Schnellmaske (siehe  und 3, Seite 25) ein und aus. Diese Maske ist eines der effektivsten Auswahlwerkzeuge (zum Freistellen), wie das Lasso, Rechteckauswahl, Vordergrundauswahl usw., funktioniert aber quasi umgekehrt: Nach dem Anschalten ist das Bild mit einer »roten Folie« abgedeckt, die nicht ausgewählte Bereiche kennzeichnet. Sie lässt sich mit jedem der verfügbaren Malwerkzeuge nun durch Auftragen weißer Farbe entfernen. Die Schnellmaske ist daher besonders bei komplexen Auswahlen nützlich. Versehentlich falsch gesetzte Striche der Malwerkzeuge macht wie üblich [Ctrl][z] oder das Übermalen mit schwarzer Farbe rückgängig. Grautöne erzeugen eine unscharfe Auswahl, die GIMP dann farblich abhebt.

HINWEIS

Bei aktiver Schnellmaske wirken Befehle wie Ausschneiden, Kopieren, Verschieben, Einfügen usw. auf die Maske und nicht auf das bearbeitete Bild. Im Kanaldock erscheint der Kanal »Schnellmaske«.

Die Schnellmaske lässt sich konfigurieren. Möglich ist dies über das Kontextmenü im Bildfenster, aufrufbar mit der rechten Maustaste (Button ▣).

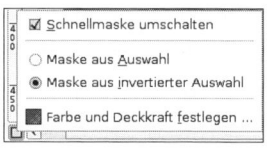

Maske aus Auswahl zeigt die Auswahl in der Schnellmaske an, **Maske aus invertierter Auswahl** macht dies nach vorheriger Invertierung der Auswahl.

Farbe und Deckkraft festlegen modifiziert diese für die Anzeige-Voreinstellungen der Schnellmaske, wie dies auch das Kontextmenü **Kanaleigenschaften** (Seite 135) im Kanaldock anbietet.

HINWEIS

Die Schnellmaske (wie übrigens auch Ebenenmasken) ist eine »normale« Zeichenfläche, und lässt sich daher mit den üblichen Werkzeugen – einschließlich der **Filter**, Seite 116 – bearbeiten, was ungemein viele Möglichkeiten birgt (siehe auch hier: *www.gimp.org/tutorials/Quickmask/*).

Spezielle Funktionen für Auswahlen

In Kanal speichern sichert die aktuelle Auswahl als Kanal, was der

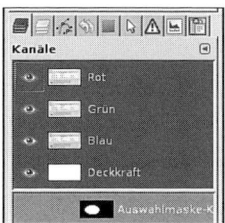

Auswahleditor mit dem Button ⬛ erlaubt. Beides erzeugt einen neuen Kanal mit dem Namen Auswahleditor-Kopie mit angehängter #*Nummer*. Das Speichern der Auswahl als Kanal *deaktiviert die aktuelle Ebene*, sodass sie anschließend manuell wieder ausgewählt werden muss. GIMP speichert Kanäle im Dateiformat xcf ab.

Nach Pfad wandelt die aktuelle Auswahl in einen Pfad um (was auch im Auswahleditor möglich ist), der sich mit dem Pfadwerkzeug bearbeiten lässt. Weiche Auswahlen/Übergänge gehen dabei verloren.

HINWEIS

Bei der Speicherform **In Kanal speichern** erzeugt GIMP einen neuen Kanal. Dies führt dazu, dass die aktuelle Ebene deaktiviert wird (was der Ebenendialog anzeigt). Sie (oder eine andere) muss daher anschließend erneut aktiviert werden.

Es gibt im Ebenenmenü unter **Transparenz**, Seite 93, mehrere Möglichkeiten, Auswahlen aus (nicht) transparenten Bereichen zu erzeugen.

Menü »Ansicht«

GIMP zeigt im Bildfenster »Ansichten« der bearbeiteten Grafik unter Berücksichtigung der vom Anwender vorgenommenen Einstellungen. Reales Bild und GIMPs Darstellung weichen daher in vielen Fällen voneinander ab, sei es durch Auswahlen, den Einsatz der

Schnellmaske, unterschiedliche Vergrößerungen oder andere Details. Im »Ansichtsmenü« (Menü **Ansicht**) lassen sich mehrere weitere Ansichten des Bildes – mit anderen Optionen – einstellen.

Neue Ansicht erzeugt ein weiteres Bildfenster der aktuellen Grafik. Die meisten Aktionen wirken sich unmittelbar auf die Grafik aus und zeigen dies in den unterschiedlichen Bildfenstern sofort an, wie etwa das Anschalten der Schnellmaske, Änderungen der Auswahl usw., nicht aber die Veränderung der Anzeigevergrößerung.

Punkt für Punkt bewirkt, dass im Bildfenster jedes Pixel genau einem

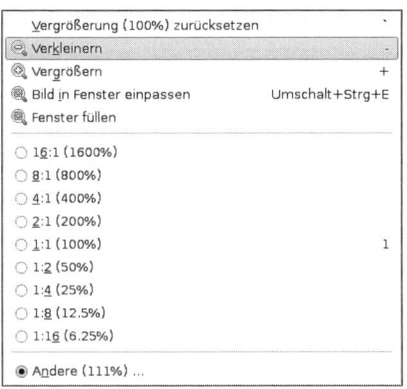

in der Grafik entspricht. Ohne die Einstellung berücksichtigt GIMP die im **Bearbeiten**-Menü im Menüpunkt **Einstellungen** unter **Ansicht** gewählten Werte zur Bildschirmauflösung (Seite 73).

Das Menü **Vergrößerung** (100 %) stellt zum einen unterschiedliche Vergrößerungsstufen ein, zum anderen erlaubt es, bestimmte Voreinstellungen aufzurufen. So aktiviert **Vergrößerung zurücksetzen** (['] bzw. [⇧] [']) oder [1] die 1:1 Darstellung (100 % Skalierung), und mit **Bild in Fenster einpassen** ([Ctrl][⇧] [e]) passt GIMP die Bildauflösung an die Fenstergröße an. **Fenster anpassen** ([Ctrl][e]) wirkt umgekehrt und modifiziert die Fenstergröße. Mit **Fenster füllen** (hat voreingestellt keine Tastenbindung) füllt GIMP das Bildfenster ganz, **Vollbild** ([*F11*]) nutzt den gesamten Bildschirm.

Navigationsfenster aktiviert den auch unten rechts am Bildfenster

durch ⊞ erreichbaren »Navigator«, siehe Seite 15, um einen gewünschten Bildausschnitt direkt anzusteuern. Mit diesem Menüpunkt erzeugt GIMP dafür ein eigenes Fenster »Ansichtsnavigation« (das am Titel ins Dock gezogen werden kann) mit zusätzlichen Funktionen. Der Schieberegler steuert die Vergrößerung bzw. Skalierung und wirkt ebenso wie die sechs Button im Bildfenster: Sie vergrößern, verkleinern, skalieren 1:1, passen die Bildgröße bzw. Fenstergröße an.

Ansichtsfilter ... erlaubt die Darstellung spezieller Ansichten des aktuellen Bildes (ohne dieses entsprechend zu verändern). Dazu öffnet

sich ein Dialog, in dem GIMP verschiedene Filter anbietet. Der obere nach rechts zeigende Pfeil ⇒ wählt Filter aus, die Wirkung zeigt sich unmittelbar im Bildfenster. Voreinge-

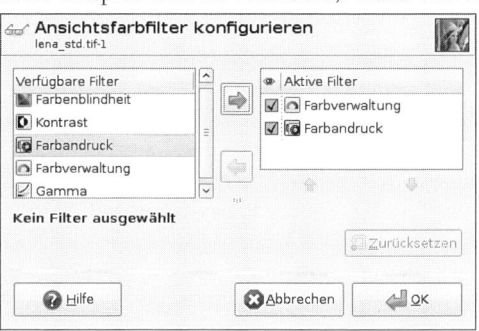

---

stellt ist **Farbverwaltung**, dessen Parameter der Dialog **Einstellungen** unter **Ansicht** im **Bearbeiten**-Menü einstellt. **Farbschwäche** simuliert Rot-, Grün- und Blauschwächen, mit **Kontrast** ist eine Kontrasterhöhung möglich (im Bild durch das Helligkeitswerkzeug, Seite 98), **Gamma** simuliert eine Gammakorrektur, wie sie der Farbabgleich (Seite 96) ermöglicht. Der wohl interessanteste Filter **Farbandruck** hat drei Optionen: **Profil** lädt ein ICC-Farbprofil (typischerweise unter /usr/share/color/icc/ vorhanden), **Vorsatz** stellt eine Farbanpassungsmethode ein und **Schwarzpunkt-Abgleich** nimmt diesen vor.

Der zweite Teil des **Ansicht**smenüs steuert GIMPs Darstellung des Bildes im Bildfenster. Die Voreinstellungen erfolgen im Menü **Bearbeiten** unter **Einstellungen** im Punkt **Darstellung**. Voreingestellt aktiv sind **Auswahl anzeigen** ([*Ctrl*][*t*]), was die »laufenden Ameisen« betrifft, und **Ebenenrahmen anzeigen**. Dieser Punkt steuert, ob

☑ A̲uswahl anzeigen	Strg+T
☑ Ebenenrahmen anzeigen	
☑ H̲ilfslinien anzeigen	Umschalt+Strg+T
☐ R̲aster anzeigen	
☑ Prüfpunkte anzeigen	
☑ Magnetische Hilfslinien	
☐ Magnetisches Raster	
☐ An L̲einwandkanten einrasten	
☐ Am aktiven P̲fad einrasten	

GIMP Ebenen durch einen gelben Rahmen markiert.

Hilfslinien anzeigen ([*Ctrl*][⇧] [*t*]) blendet *alle* Hilfslinien ein- bzw. aus.

Prüfpunkte anzeigen steuert deren Darstellung. Prüfpunkte lassen sich zusammen mit der [*Ctrl*]-Taste aus den Linealen herausziehen. Sie werden normalerweise für die Farbpipette definiert.

Magnetische Hilfslinien aktiviert eine spezielle Eigenschaft von Hilfslinienen: Der Magnetismus bewirkt, dass GIMP Objekte, die mit der Maus in die Nähe einer Hilfslinie gebracht werden, anzieht. Bei aktiviertem Menüpunkt **Magnetisches Raster** geschieht dies in beide Richtungen, durch **An Leinwandkanten einrasten** auch an den Rändern. Das funktioniert auch, ohne dass GIMP entsprechende Linien anzeigt. **Am aktiven Pfad einrasten** erweitert dieses Konzept auf beliebige Kurven, die als Pfad definiert sind, z. B. durch (Auswahl) **Nach Pfad**, siehe Seite 81.

Raster anzeigen steuert entsprechend ein Bildraster, dessen Form sich im **Bild**-Menü unter **Raster konfigurieren** einstellen lässt. Die meisten Elemente in diesem Dialog sind selbsterklärend. **Versatz** definiert, ob der

Nullpunkt des Rasters in der linken oberen Ecke oder mit dem eingestellten Versatz positioniert wird. Voreingestellt sind X- und Y-Werte
durch die Kettensymbole aneinander gebunden, ein Mausklick darauf löst sie bei Bedarf.

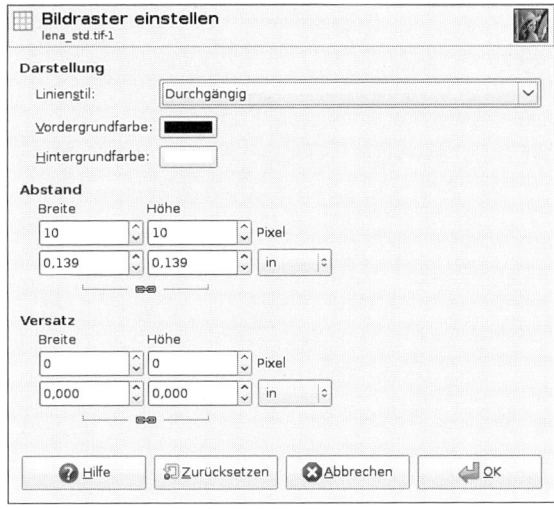

HINWEIS

Die Plugins der FX-Foundry enthalten u. a. auch ein Plugin,
dass ein Raster nach der Drittelregel einblendet.

Da dieses als zusätzliche, transparente (oberste) Ebene
realisiert wird, lässt es sich permanent anzeigen und ver-
schwindet nicht wie bei den Auswahlen automatisch.

Der letzte Teil des Menüs **Ansicht** enthält grundlegende Optionen
für GIMPs Darstellung. **Rah-
menfarbe** konfiguriert Fensterrahmen, **Menüleiste anzeigen**, ob
GIMP eine Menüleiste zeigt,
Lineale anzeigen ([*Ctrl*][⇧] [*r*])

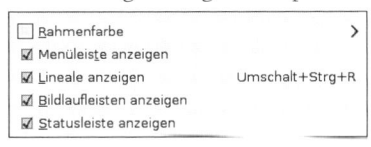

und **Bildlaufleisten anzeigen** sowie **Statuszeile anzeigen** wirken analog (ohne
diese vergrößert sich das Bildfenster).

Menü »Bild«

GIMPs Bild-Menü enthält ganz unterschiedliche Funktionen, die teilweise noch durch Einträge von Plugins ergänzt werden können. Sie beziehen sich größtenteils auf das gesamte Bild oder eine Ebene.

Duplizieren ([*Ctrl*][*d*]) erzeugt eine identische Kopie des Bildes, mit Ebenen, Pfaden und Kanälen, aber ohne Auswahl, Ablagen und Journal.

Modus steuert das Farbmodell des Bildes. Drei Varianten stehen zur

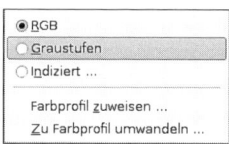

Auswahl: RGB ist GIMPs Standardmodell, voreingestellt mit 8-Bit-Farbkanälen (je 256 Werte für Rot, Grün, Blau). Durch Verwendung der GEGL (Seite 103) sind 32768 Abstufungen möglich. Graustufen wandelt die Farben in Graustufen mit bis zu (derzeit) 256 Werten um.

Indiziert ... verwendet indizierte Farben, siehe Farbtabelle (Seite 106).

Dieser Modus benötigt Anpassungen, die im gezeigten Dialog erfolgen. Durch Optimale Palette erzeugen macht GIMP dies automatisch, wobei Anzahl der Farben die Farbanzahl vorgibt. Internet-optimierte Palette verwenden und Schwarz/Weiß-Palette (1-Bit) verwenden erklären sich selbst. Eigene Palette verwenden öffnet eine Auswahl mit vordefinierten Paletten. Nicht verwendete Farben aus der Palette entfernen reduziert die Farbanzahl.

Unter Rasterung lässt sich eine Methode zur Farbrasterung einstellen, mit der GIMP nicht vorhandene Farben interpoliert. Rasterung für Transparenz aktivieren simuliert Transparenz (oft besser: Semi-Abflachen ...).

Farbprofil zuweisen ... weist dem Bild ein ICC-Farbprofil (Seite 83) zu. Voreingestellt verwendet GIMP sRGB, weitere im System installierte (ECI-RGB usw.) kann GIMP gleichfalls nutzen, der Effekt zeigt sich unmittelbar im Bildfenster. **Zu Farbprofil umwandeln ...** wendet ein Farbprofil an. Vier Umrechnungen unterstützt GIMP dabei: **Wahrnehmung** für RGB nach CMYK oder Ähnliches, **Kolorimetrisch (Relativ)** zur Druckaufbereitung mit Pantonefarben, **Sättigung** erzeugt kräftigere Farben, **Kolorimetrisch (Absolut)** für Probeausdrucke. Durch **Schwarzpunkt-Kompensation** ermittelt GIMP diesen Wert automatisch.

Transformation enthält einige Transformationsfunktionen, die teilweise

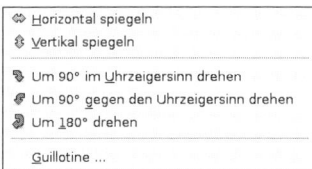

auch andere Werkzeuge bieten. **Horizontal spiegeln** und **Vertikal spiegeln** ermöglicht auch das Spiegelwerkzeug (Seite 41). **Um 90° im Uhrzeigersinn drehen** und **Um 90° gegen den Uhrzeigersinn drehen** sowie **Um 180° drehen** ist auch mit dem Drehwerkzeug (Seite 37) möglich. **Guillotine ...** ist ein erweitertes Schneidewerkzeug (Seite 35). Es erzeugt aus jedem durch Hilfslinien begrenzten Rechteck ein eigenes Bild (ohne das Original zu verändern).

Im zweiten Teil des **Bild**-Menüs sind Größen- und Skalierfunktionen

zusammengefasst. **Leinwandgröße** ... stellt die Größe der Bilder ein. In dem sich öffnenden Dialog koppeln geschlossene Kettensymbole Höhe und Breite in dem aktuellen Verhältnis aneinander. Ein Klick darauf öffnet das Symbol und erlaubt auch

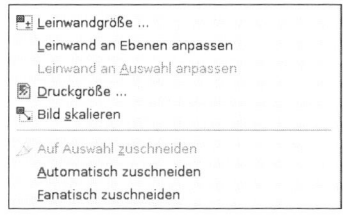

abweichende Angaben. Die Wirkung zeigt ein Rahmen im Vorschaubild. **Versatz** verschiebt die linke untere Ecke. **Zentriert** setzt den Bildmittelpunkt ins Zentrum der neu bemessenen Leinwand. Bisher nicht ausgefüllte Bereiche macht GIMP transparent, sie lassen sich allerdings erst mit einer ausreichend großer Ebene bearbeiten.

Ebenengrößen ändern legt fest, was mit den Bildebenen bei der Größenanpassung geschieht. Das »Schneide«-Werkzeug (Seite 35) bietet das.

Leinwand an Ebenen anpassen modifiziert die Größe der Leinwand entsprechend der größten Ebene im Bild. **Leinwand an Auswahl anpassen** reduziert die Leinwand auf ein die Auswahl umfassendes Rechteck.

Druckgröße … stellt die Größe (in realen Abmessungen) von Bildern ein, basierend auf der eingestellten Ausgabe- bzw. Druckauflösung. Veränderungen von Höhe oder Breite erfolgen durch Änderungen der Druckauflösung, die der Dialog zeigt. Das Kettensymbol bewahrt das Seitenverhältnis, ein Klick darauf erlaubt abweichende Einstellungen (aber mit Verzerrungen). Hochwertige Drucke erfordern etwa 150 ppi.

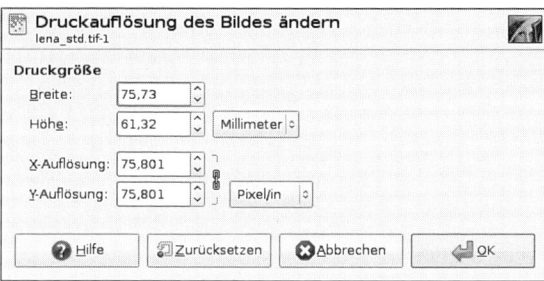

Bild skalieren verändert die Bildgröße durch Hinzufügen und Entfernen von Pixeln, wobei die horizontale und vertikale Auflösung erhalten

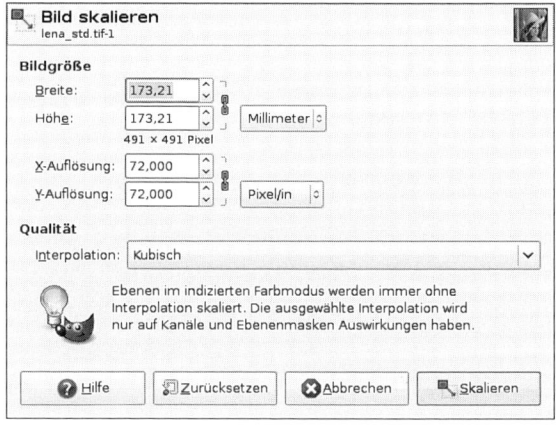

bleibt. Das funktioniert wie das Skalierwerkzeug (Seite 38), das aber auch für Ebenen, Auswahlen und Pfade eingesetzt werden kann. Für die Größenanpassung berechnet GIMP die Pixel neu, was zu Qualitätsverlusten führt; **Interpolation** wählt das Verfahren dafür. Das Kettensymbol verbindet Höhe/Breite bzw. vertikale/horizontale Auflösung und bewahrt das Seitenverhältnis.

Auf Auswahl zuschneiden wirkt wie das »Zuschneiden«-Werkzeug (Seite 35) auf alle Ebenen des Bildes. **Automatisch zuschneiden** entfernt die (in der aktuellen Ebene) ermittelten einfarbigen Ränder und schneidet das Bild entsprechend zu. **Fanatisch zuschneiden** wirkt ähnlich, schneidet aber auch rechteckige Bereiche in der Randfarbe *aus dem Bild heraus*, was manchmal zu seltsamen Effekten führt.

Sichtbare Ebenen vereinigen ... ([*Ctrl*][*m*]) bietet Optionen für Bilder

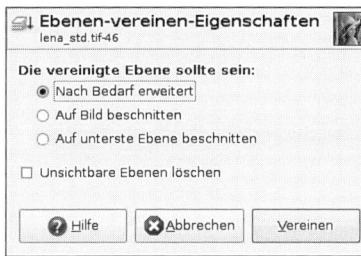

mit mehreren (sichtbaren) Ebenen (Seite 132) an. **Nach Bedarf erweitern** macht die neue Ebene so groß wie die größte der vereinigten Ebenen. **Auf Bild beschnitten** erzeugt eine Ebene in Bildgröße (bescheidet größere Ebenen). **Auf unterste Ebene beschnitten** beschneidet alle vereinigte Ebenen auf die Größe der untersten. **Unsichtbare Ebenen löschen** löscht derzeit nicht angezeigte Ebenen.

Bild zusammenfügen vereinigt alle Ebenen zu einem Bild (ohne Transparenz) und entfernt dabei Alphakanäle, was nur für Ausgaben in Dateiformate ohne diese Möglichkeiten erforderlich ist. Vorher transparente Bereiche erhalten die Hintergrundfarbe.

Sichtbare Ebenen ausrichten ... ist eine Erweiterung des Ausrichten-Werkzeugs (Seite 35). Mit ihm lassen sich momentan sichtbare Ebenen anordnen. Voreingestellt ist die Leinwand der Bezugspunkt (Basis) für das Ausrichten, **Die unterste (unsichtbare) Ebene als Basis verwenden** nutzt dafür die unterste Ebene. **Horizontaler Stil** und **Vertikaler Stil** legen fest, wie GIMP die Ebenen anordnet: **Kein** deaktiviert das Anordnen in dieser Richtung, **Zusammenfassen** richtet alle Ebenen an der durch

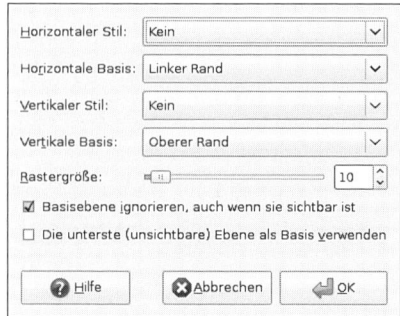

Horizontale Basis bzw. Vertikale Basis eingestellten Kante (Links oder Oben, Mitte, Rechts oder Unten) aus. Füllen (von links nach rechts) und Füllen (von oben nach unten) stapeln die Ebenen entsprechend. Am Gitter ausrichten verwendet ein durch Rastergröße definiertes Raster zur Ausrichtung.

Hilfslinien enthält ein Untermenü zum Verwalten von Hilfslinien:

Alle Hilfslinien entfernen löscht alle Hilfslinien, Neue Hilfslinie (in Prozent) ... erzeugt eine neue horizontale oder vertikale Hilfslinie in der eingestellten (relativen) Bildbreite oder -höhe.

> Alle Hilfslinien entfernen
> Neue Hilfslinie (in Prozent) ...
> Neue Hilfslinien aus Auswahl
> Neue Hilfslinie ...

Mehrere Hilfslinien erzeugt Neue Hilfslinien aus Auswahl an den horizontalen und vertikalen Kanten der Auswahl. Neue Hilfslinie ... fügt eine Hilfslinie an der im Dialog angegebenen absoluten Position ein. Das ist mit der Maus auch durch Ziehen aus den Linealen direkt möglich.

Raster konfigurieren ... erzeugt ein Raster aus Hilfslinien, siehe Seite 72.

Bildeigenschaften ([lAlt][RETURN]) zeigt umfangreiche Informationen zu einem Bild an. Neben statistischen Angaben über Größen, Auflösungen, Farben und Dateien gibt GIMP auch Internes preis über Speichergröße, Undo- und Redo-Speicher und Farben bzw. Farbprofile. Kommentare lassen sich einsehen und modifizieren.

Separate erscheint nur, wenn dieses Plugin zusätzlich installiert wurde. Es ermöglicht Arbeiten im CMYK-Farbraum, wie die Colorseparation (Farbseparation). Dieses wichtige Plugin ist hier erhältlich und dokumentiert: *cue.yellowmagic.info/softwares/separate.html*

Menü »Ebene«

Das Menü **Ebene** enthält die Funktionen zum Arbeiten mit und zur Bearbeitung von Ebenen. Es arbeitet direkt mit dem Ebenendock (Seite 131) zusammen. [*Ctrl*][Tab] erlaubt, durch die Ebenen eines Bildes zu schalten.

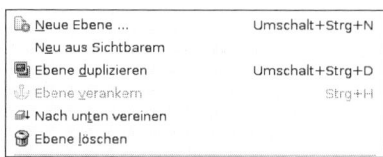

Neue Ebene (Taste [*Ctrl*][⇑] [*n*]) erzeugt eine neue Ebene, deren Eigenschaften in einem Dialog eingestellt werden. GIMPs Ebenen haben Namen (gegebenenfalls mit angehängter *#Nummer*), unter denen

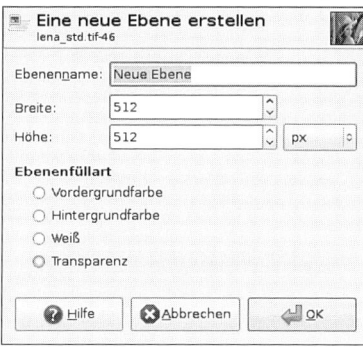

sie im Ebenendock (Seite 131) erscheinen, einzugeben in **Ebenenname**. **Breite** und **Höhe** definieren die Ebenengröße in der eingestellten Einheit. Unbedingt anzugeben sind die Hintergrundeigenschaften der Ebene. **Vordergrundfarbe** und **Hintergrundfarbe** und **Weiß** erzeugen farbige Ebenen, die Alternative ist **Transparenz** (mit Alphakanal).

Neu aus Sichtbarem erzeugt eine neue Ebene mit Namen »Sichtbar« aus den aktuell sichtbaren Bereichen.

Ebene duplizieren (Taste [*Ctrl*][⇑] [*d*]) erzeugt eine Kopie der aktuellen Ebene, mit dem gleichen Namen und angehängtem »-Kopie«, einschließlich GIMPs Zusatzinformationen (»Parasiten«).

HINWEIS

Es gibt einige andere Methoden, neue Ebenen zu erzeugen:

- **Als Ebene öffnen** (Seite 61) lädt eine Grafikdatei als Ebene,
- **Einfügen als** im Menü **Bearbeiten** mit dem Punkt **Neue Ebene**,
- im Ebenendock (Seite 131) mit dem Button 🗔
- oder **Neue Ebene** im Kontextmenü.

Ebene verankern ([⇧] [h]) ist nur aktiv, solange es eine »schwebende Auswahl« gibt, die sich hierdurch mit der aktuellen Ebene verbindet.

Nach unten vereinen vereinigt die aktive und die darunterliegende Ebene.

Ebene löschen entfernt die aktuelle Ebene, wie 🗑 im Ebenendock.

Der zweite Teil des **Ebenen**-Menüs enthält Funktionen für komplexere Aufgaben. Im ersten Menüpunkt sind Funktionen zur Arbeit mit mehreren Ebenen (im Ebenen-**Stapel**) enthalten.

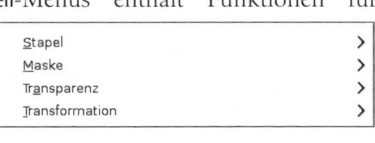

Vorige Ebene auswählen ([*Bild* ↑]), **Nächste Ebene auswählen** ([*Bild* ↓]),

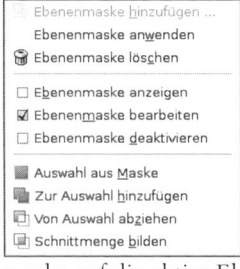

Oberste Ebene auswählen ([*Pos1*]), **Unterste Ebene auswählen** ([*Ende*]) aktiviert jeweils eine bestimme Ebene im Stapel. **Ebene anheben**, **Ebene absenken**, **Ebene nach ganz oben**, **Ebene nach ganz unten** platzieren die aktuelle Ebene im Stapel neu, **Reihenfolge der Ebenen umkehren** invertiert den Stapel. Die unterste Ebene im Stapel lässt sich nur anheben, wenn sie einen Alphakanal hat.

Die Ebenenmaske

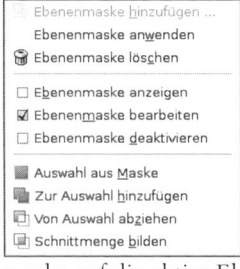

Das Untermenü **Maske** erzeugt und verwaltet Ebenenmasken. Diese bedecken die aktuelle Ebene und lassen sich so bearbeiten, dass sie Ebenenbereiche abdecken (und damit für Aktionen schützen). Das ist nur für Ebenen mit Alphakanal möglich. **Ebenenmaske hinzufügen** erzeugt eine neue Ebenenmaske, siehe unten. **Ebenenmaske anwenden** wendet die (bearbeitete) Ebenenmaske auf die aktive Ebene an und überträgt dabei die Transparenz auf deren Alphakanal. **Ebenenmaske löschen** entfernt die Ebenenmaske, **Ebenenmaske anzeigen** blendet die Maske ein, die sich durch **Ebenenmaske bearbeiten** modifizieren lässt. Aktionen verändern nun nur die Maske, nicht die Ebene selbst. **Ebenenmaske deaktivieren** deaktiviert die Maske, Aktionen wirken wieder direkt auf die Ebene.

Beim Anlegen einer Ebenenmaske öffnet GIMP einen Dialog zum Einstellen der grundlegende Eigenschaften (unter »Ebenenmaske initialisieren nach«). **Weiß (volle Deckkraft)**: transparente Maske, schwarzes Einfärben erzeugt Transparenz in der Ebene; **Schwarz (volle Transparenz)** deckt die Ebene vollständig ab; weiß macht sie sichtbar. **Alphakanal der Ebene**

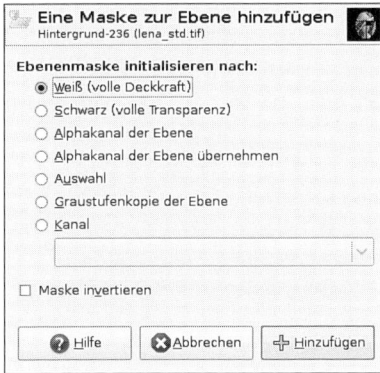

verwendet die Werte aus dem Alphakanal; **Alphakanal der Ebene übernehmen**: wie zuvor, aber mit maximaler Deckkraft. **Auswahl** verwendet die Werte der Auswahl, **Graustufenkopie der Ebene** die Grauwerte und **Kanal** einen zuvor gespeicherten Kanal, auswählbar in der Liste (im Button darunter). **Maske invertieren** kehrt die zuvor ermittelten Werte um.

Die Ebenenmaske der aktuellen Ebene kann als Auswahl verwendet werden. **Auswahl aus Maske** ersetzt die Auswahl durch eine, die der gegenwärtigen Maske entspricht, **Zur Auswahl hinzufügen** addiert die Maske zur Auswahl, **Von Auswahl abziehen** entfernt die Maske, und **Schnittmenge bilden** reduziert die Auswahl auf Bereiche, die sowohl die bisherige Auswahl als auch die Maske enthält. Ein Tutorial zeigt die Anwendung: *www.gimp.org/tutorials/Selective_Color/*

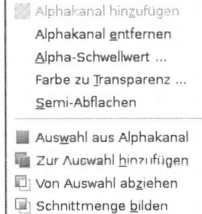

Der Menüpunkt **Transparenz** enthält ein Untermenü, um Transparenz (also den Alphakanal) zu verwenden.

Alphakanal hinzufügen fügt für Ebenen ohne Transparenz einen Alphakanal hinzu, den auch Ebenenmasken erfordern. **Alphakanal entfernen** löscht die Transparenz.

Alpha-Schwellwert ... erlaubt für Ebenen mit Alphakanal (aber nur im RGB-Farbmodell) eine Transparenzschwelle zu definieren, oberhalb derer GIMP die Bereiche als vollständig transparent und unterhalb als nicht transparent interpretiert.

Auswahl aus Alphakanal wandelt *nicht transparente* Bereiche in eine Auswahl um, was beispielsweise dann sinnvoll ist, wenn nach dem Kopieren ([*Ctrl*][*c*]) und Einfügen ([*Ctrl*][*v*]) eine neue, transparente Ebene angelegt wurde und die Auswahl weiter benötigt wird.

Zur Auswahl hinzufügen, **Von Auswahl abziehen** und **Schnittmenge bilden** verbinden eine neue Auswahl mit der durch **Auswahl aus Alphakanal** erzeugten.

Farbe zu Transparenz ... wandelt eine Farbe in Transparenz um. In dem sich

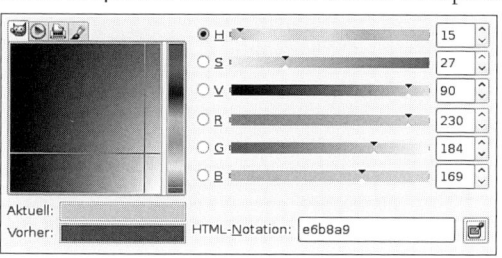

öffnenden Dialog (»Farbfenster«) wird die gewünschte Farbe eingestellt oder mit der Farbpipette, erreichbar mit , direkt im Bild gewählt. Die Funktion wirkt auf die aktive Ebene.

Semi-Abflachen ... ermöglicht Transparenz in indizierten Bildern mit Antialiasing. Zur Anwendung muss ein Alphakanal vorhanden sein.

Der nächste Menüpunkt **Transformation** stellt sieben Transformationswerkzeuge – identisch mit denen aus dem Bild-Menü – zur Verfügung, deren Funktion größtenteils ohne Qualitätsverluste erfolgt. **Horizontal spiegeln** und **Vertikal spiegeln** funktioniert wie das Spiegelwerkzeug (Seite 41), **Um 90° im Uhrzeigersinn drehen**, **Um 90° gegen den Uhrzeigersinn drehen**, **Um 180° dre-**

hen und **Beliebig drehen ...** ist auch mit dem Werkzeug Drehen ([⇧] [r] Seite 37) möglich. Der letzte Menüpunkt **Versatz** ([*Ctrl*][⇧] [o]) erlaubt, den Ebeneninhalt zu verschieben, analog zum Werkzeug Verschieben (Seite 34). **Versatz um** $(x/2),(y/2)$ setzt die Werte automatisch auf die halben Bildgrößen. Unter Kantenverhalten steuern drei Optionen, wie GIMP an den Rändern verfährt: **Falten** bewirkt, dass aus der Ebene ragende Bereiche an dem anderen (leeren) Rand eingefügt werden, bei **Mit Hintergrundfarbe auffüllen** wird dieser mit der Hintergrundfarbe und bei **Transparent machen** transparent gefüllt.

Der letzte Abschnitt des Menüs **Ebene** enthält Funktionen zur Größenänderung von Ebenen, zumeist ohne deren Inhalt zu skalieren. **Ebenengröße** ent-

■ Ebenengröße ...
⊡ Ebene auf Bildgröße
■ Ebene skalieren ...
✎ Auf Auswahl zuschneiden
Ebene automatisch zuschneiden
Liquid rescale ...

spricht der Größenanpassung, wie sie auch im **Bild**-Menü unter **Leinwandgröße** (Seite 87) zur Verfügung steht. Wie dort verkettet ▓ Höhe und Breite, um das Seitenverhältnis zu bewahren. **Versatz** verschiebt den Inhalt auf der Ebene.

Ebene auf Bildgröße setzt die Ebenengröße auf die Bildgröße, ohne den Inhalt zu verschieben oder zu skalieren.

Ebene skalieren ... gleicht die Größe der Ebene der Bildgröße an und skaliert dafür ihren Inhalt (mit Qualitätsverlust), vgl. Seite 38.

Auf Auswahl zuschneiden reduziert die Ebenengröße auf das die Auswahl einschließende Rechteck (mit unscharfen Auswahlkanten).

Ebene automatisch zuschneiden entfernt einfarbige Ränder.

Liquid rescale ... verwendet einen speziellen Algorithmus beim Skalieren der Ebene, der Verzerrungen verhindern soll, siehe *liquidrescale.wikidot.com/*.

Teilweise ähnliche Features bietet **Resynthesize ...** (Seite 122) im **Filter**-Menü unter **Abbilden**.

Menü »Farben«

Das Farben-Menü enthält Funktionen zur Nutzung und Bearbeitung von Farben sowie zur Aktivierung von GIMPs neuer Grafiklibrary GEGL. Die Funktionen im ersten Menüteil dienen hauptsächlich einfachen Manipulationen oder der Anzeige aktueller Einstellungen.

Farbabgleich ... macht Farbänderungen des Bildes, der Auswahl oder einer Ebene durch Verändern der Farbbalance möglich. »Den zu Bearbeitenden Bereich auswählen« beschränkt die Wirkung auf besonders dunkle Bereiche (Schatten), mittlere Helligkeiten (Gamma, Mitten) oder besonders helle Bereiche (Glanzlichter).

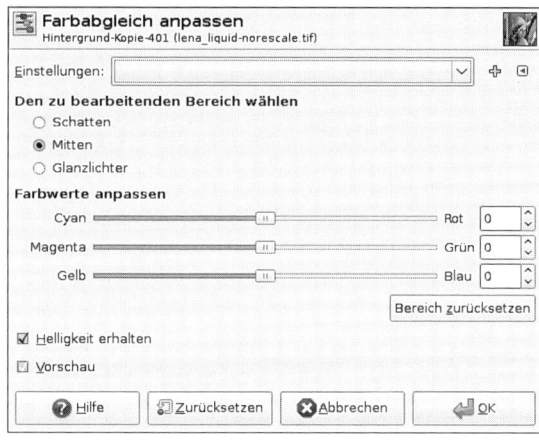

Unter »Farbwerte anpassen« sind die Regler zum Farbabgleich in den Farbmodellen CMY(K) bzw. RGB vorhanden. Solange Helligkeit erhalten aktiviert ist, gleicht GIMP damit einhergehende Helligkeitsänderungen automatisch aus. Bereich zurücksetzen aktiviert wieder die vorherigen Einstellungen, mit Vorschau zeigen sich die Auswirkungen unmittelbar im Bildfenster. Einmal vorgenommene Einstellungen lassen sich unter einem neuen Namen (mit + einzustellen) speichern. Im Werkzeugkasten aktiviert ▦ dieses Tool.

Farbton / Sättigung ... wirkt ähnlich, allerdings im HSV-Modus: Es erlaubt, Farbton, Helligkeit und Sättigung (HSV-Kanäle) getrennt für Auswahl, Ebene oder das gesamte Bild einzustellen. Unter »Zu bearbeitende Primärfarben auswählen« lassen sich einzelne Primärfarben beeinflussen, voreingestellt ist **Alle** Farben.

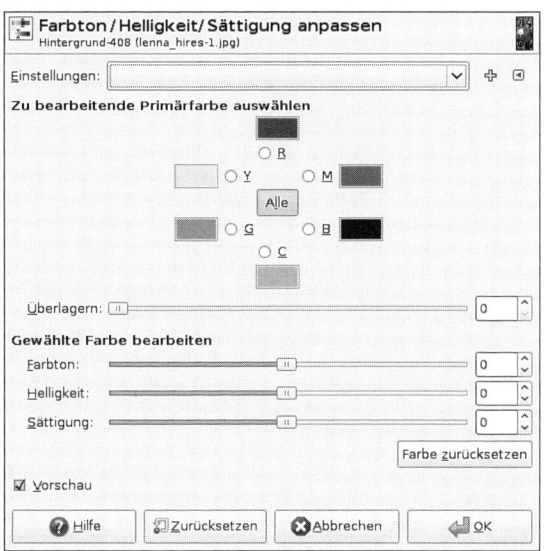

Überlagern steuert, wie weit sich ähnliche Farben dabei beeinflussen. Im unteren Bereich erfolgen die Einstellungen für die ausgewählte(n) Farbe(n) nach **Farbton, Helligkeit** und **Sättigung** getrennt. Achtung: Laut Handbuch wirkt hier **Helligkeit** auf alle Pixel, was bei **Werte** (Seite 99) oder **Kurven ...** (Seite 100) nicht der Fall ist. Mit **Vorschau** zeigen sich die Auswirkungen unmittelbar im Bildfenster. **Farbe zurücksetzen** aktiviert die zuvor eingestellten Werte. Einmal vorgenommene **Einstellungen** lassen sich unter einem neuen Namen (mit + einzustellen) speichern. Im Werkzeugkasten aktiviert 🖾 dieses Tool.

Einfärben ... konvertiert das (Farb-)Bild in ein Graustufenbild, das GIMP anhand der Helligkeiten mit der ausgewählten Farbe koloriert. Dies ermöglicht verschiede Formen des Sepia-Effekts und der Schwarz-Weiß-Umwandlung. Die Regler entsprechen denen der vorigen Werkzeuge. Mit **Vorschau** zeigen sich die Auswirkungen unmittelbar im Bildfenster. Einmal vorgenommene **Einstellungen** lassen sich unter einem neuen Namen (mit + einzustellen) speichern.

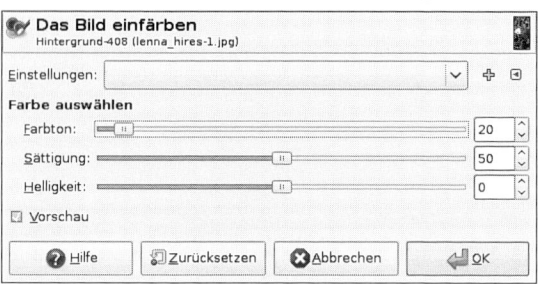

Im Werkzeugkasten aktiviert ☒ dieses Tool. Zum Einfärben gibt es ein Tutorial: *www.gimp.org/tutorials/Coloring_A_BW_Sketch/*

Sepia-Effekte lassen sich auch manuell (und damit weitgehend beeinflussbar) erzeugen: *www.gimp.org/tutorials/Sepia_Toning/*

Helligkeit / Kontrast ... ist ein komplexes Werkzeug, mit dem sich Farbwerte anpassen lassen. Im Werkzeugkasten aktiviert ☒ dieses Tool. Zunächst präsentiert GIMP einen einfachen Dialog, in dem sich Helligkeit und Kontrast für eine Auswahl, Ebene oder das gesamte Bild

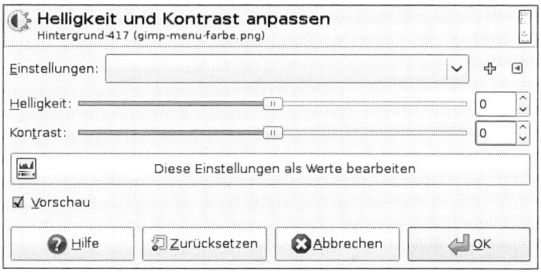

verändern lassen. Einmal vorgenommene **Einstellungen** können unter einem neuen Namen (mit + einzustellen) gespeichert werden. Der Button **Diese Einstellungen als Werte bearbeiten** führt zum Dialog »Farbanpassung« für feinere Anpassungen, der dem unter **Werte** (Seite 99) beschriebenen gleicht.

Schwellwert … wandelt in der aktuellen Auswahl oder aktiven Ebene Farben in Schwarz-Weiß um, wobei ein Antialiasing verloren geht. Der sich öffnende Dialog zeigt ein Helligkeitshistogramm mit zwei Reglern darunter an. Der linke stellt eine untere Schwelle ein, der

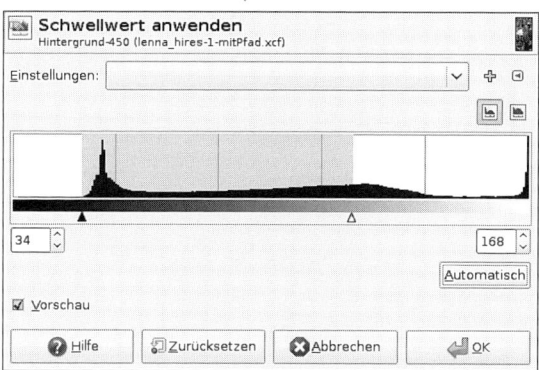

rechte eine obere. GIMP wandelt den Bereich dazwischen in weiß, den Rest in schwarz um, erhöht so den Kontrast und erlaubt, hellste und dunkelste Bereiche herauszufinden. **Automatisch** verschiebt den linken Reger so, dass GIMP etwa die Hälfte der Pixel schwarz und die andere weiß setzt. Einmal vorgenommene **Einstellungen** lassen sich unter einem neuen Namen (mit + einzustellen) speichern. Im Werkzeugkasten aktiviert ▣ dieses Tool.

Werte … dient zur Korrektur der Belichtung, für ausgewählte Bereiche oder Ebenen; **Kanal** legt fest, welche Farbe (**Rot**, **Grün**, **Blau** oder **Al**pha[kanal] bzw. alle Farben [also Helligkeit]: **Werte**) betroffen ist. **Kanal zurücksetzen** restauriert vorherige Einstellungen. Das Fenster **Quellwerte** zeigt das Histogramm mit der Häufigkeit der Helligkeitswerte für den ausgewählten Kanal an. Die Skala lässt sich mit den beiden Button rechts oberhalb des Histogramms als linear (links) oder logarithmisch (rechts) einstellen. Drei Regler darunter erlauben Schwellen für besonders dunkle Bereiche (Schatten bzw. transparent beim Alphakanal), mittlere Helligkeiten (»Gamma«) und »Glanzlichter« (besonders helle Bereiche bzw. farbige Bereiche beim Alphakanal) zu setzen. Insbesondere der mittlere Regler beeinflusst die »Stimmung« des Ergebnisses stark. Die Werte der äußeren Regler interpretiert GIMP als schwarz (0) bzw. weiß (255). Diese Einstellungen sind auch mit den Farbpipetten (durch Anklicken entsprechender Punkte im Bildfenster) möglich.

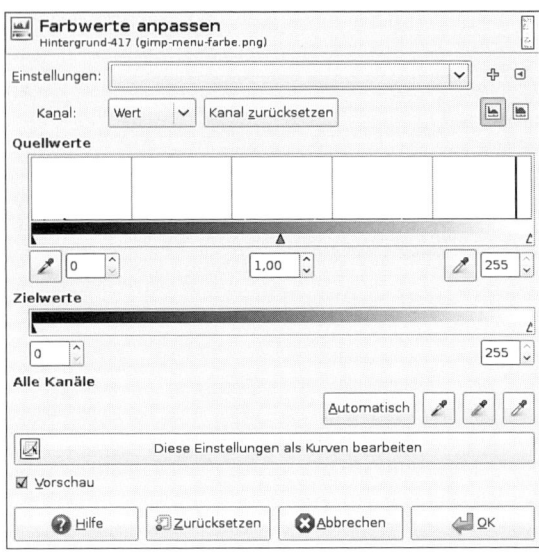

Zielwerte legt fest, wie GIMP die oben gemachten Einstellungen umsetzt; voreingestellt steht der gesamte Bereich von 0 bis 255 zur Verfügung. Hier lassen sich mit den Reglern minimale und maximale Werte vorgeben, die GIMP den minimalen bzw. maximalen Quellwerten zuweist. Bei Bearbeitung der Helligkeiten (**Werte**) reduzieren Einschränkungen der Zielwerte den Kontrast, bei den Farbkanälen die Intensität der Farbkomponente, im Alphakanal der Transparenzwerte. **Automatisch** versucht, entsprechende Einstellungen selbstständig zu ermitteln, was die drei Farbpipetten unterstützen. **Diese Einstellungen als Kurven bearbeiten** aktiviert das »Kurven«-Werkzeug, Seite 100.

Einmal vorgenommene **Einstellungen** lassen sich unter einem neuen Namen (mit + einzustellen) speichern. Im Werkzeugkasten aktiviert ▦ dieses Tool.

Kurven … beeinflusst die Helligkeitsverteilung durch interaktives Anpassen von Kurven. Wie beim Werkzeug **Werte** lassen sich unter

Kanäle neben den drei Farb- (**Rot**, **Grün**, **Blau**) und dem **Alpha**-kanal auch Helligkeits-**Werte** zu Bearbeitung auswählen. Analog zu **Werte** sind auch die beiden einstellbaren Diagrammtypen, linear (links) und logarithmisch:

Die Maus setzt Kontrollpunkte auf der Linie, sie lassen sich mit den Cursortasten auf (heller) und ab (dunkler) bewegen (zusammen mit der [⇑]-Taste in 15er-Schritten); [←] wechselt zum Vorige, [→] zum nächsten Kontrollpunkt. Während der Bearbeitung wandelt sich der Mauszeiger zur Farbpipette (Seite 32) und ermöglicht, Farben punktuell auszuwählen.

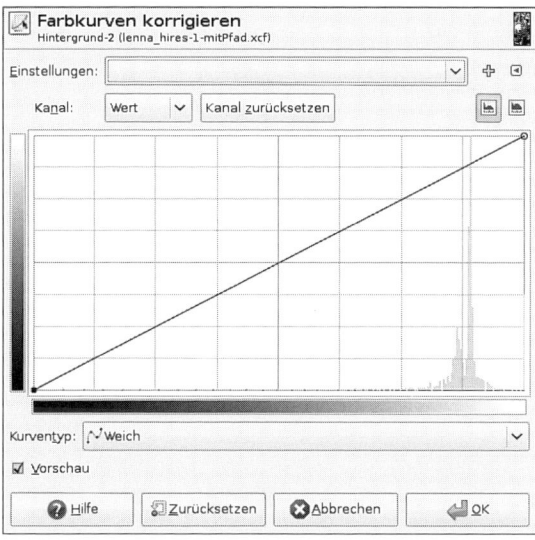

GIMP markiert sie im Histogramm durch eine vertikale Linie. Mit der [*Ctrl*]-Taste erzeugt dies Kontrollpunkte im Histogramm.

Kurventyp definiert dabei, ob GIMP die Kurven kontinuierlich ändert (**Weich**) oder auch abrupte Verläufe (**Freihand**) zulässt. Bei aktiver **Vorschau** zeigt GIMP die Auswirkungen unmittelbar in Bildfenster.

Vorgenommene **Einstellungen** lassen sich mit Namen (einstellbar durch +) speichern. Im Werkzeugkasten aktiviert ⌧ dieses Tool.

Posterisieren reduziert die Anzahl der Farben durch Zusammenfassen ähnlicher zu größeren Bereichen, was einen oft ansehnlichen, poppigen, an Comics erinnernden Effekt hat. Normalerweise wird es mit einer kleinen Anzahl von Farben (2 bis 4) verwendet, die sich anschließend noch modifizieren lassen, siehe auch **Einfärben** (Seite 111). Zur Kontrasterhöhung und für Ebenenmasken ist Posterisieren gut geeignet. Im Werkzeugkasten aktiviert 🖼 dieses Tool.

Entsättigen ... entfärbt Farbbilder, ohne sie dafür wirklich in Graustufen umzuwandeln. Sie lassen sich daher später noch wie Farbbilder weiterverarbeiten. Drei Varianten mit unterschiedlicher Wirkung hat GIMP für die Umwandlung nach Schwarz-Weiß:

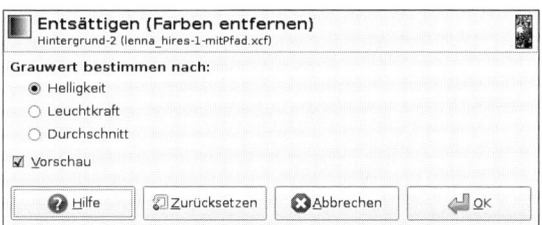

Helligkeit errechnet den Grauwert mit: $\frac{(max(R,G,B)+min(R,G,B))}{2}$, **Leuchtkraft** mit $0,21 * R + 0,71 * G + 0,07 * B$ und **Durchschnitt** als $\frac{R+G+B}{3}$.

Die folgenden drei Punkte aus GIMPs **Farben**-Menü sind schnell erklärt:

Invertieren invertiert die Farbwerte von RGB-oder Graustufenbildern (aus 77 wird 255 − 77 = 178), wodurch GIMP die Komplementärfarben darstellt. Verlustfrei umkehrbar.

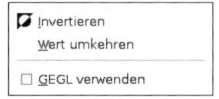

Wert umkehren wirkt im HSV-Modus: Hier kehrt GIMP für die aktive Ebene oder Auswahl den Farbton um, was zu einem »Negativ-Effekt« führt und Helligkeit und Sättigung erhalten soll. Bisher arbeitet diese Funktion nur näherungsweise, sodass wiederholte Anwendung die Ergebnisse verfälscht.

Neu in Version 2.6 ist: **GEGL verwenden**. Dieser Punkt aktiviert die bisher nur unvollständig implementierte generische Grafiklibrary (*www.gegl.org*), mit der GIMP zukünftig verbesserte Resultate erzielen soll. Im Menü **Werkzeuge** steht mit **GEGL-Operation ...** (Seite 115) eine Möglichkeit bereit, bisher implementierte Funktionen zu testen.

Den dritten Teil des **Farben**-Menüs bilden vier Untermenüs mit teilweise sehr umfangreichen Funktionen: **Automatisch** enthält automatische Filter, um bestimmte, oft benötigte Verbesserungen an Bildern durchzuführen. Normalerweise führen manuelle Korrekturen aber zu besseren Ergebnissen. **Komponenten** enthält den

Kanalmixer und **Zerlegen**, **Abbilden** Farbfilter und **Information** zeigt bei Bedarf unterschiedliche Farbinformationen.

Die Filter im Menü **Automatisch** sind alle ähnlich und einfacher Art (für die Bearbeitung von Digitalfotos). Sie benötigen keine Einstellungen durch den Anwender, ihre Wirkung lässt sich im Histogramm (Seite 126) verfolgen. **Abgleichen** erzeugt eine automatische Helligkeitskorrektur (GIMP versucht, die Helligkeiten anzugleichen, was manchmal gute Ergebnisse bringt). **Weißabgleich** führt einen automatischen Weißabgleich durch und hellt RGB-Bilder damit auf. GIMP setzt die hellsten und dunkelsten Bereiche als weiß bzw. schwarz und passt anschließend die RGB-Farben an.

Mit **Farbverbesserung** erhöht GIMP die Farbsättigung im HSV-Raum und versucht so, blasse Bilder »aufzupeppen«, ohne deren Helligkeit und Farben zu verändern. Anschließend werden die Bilder wieder nach RGB konvertiert.

Kontrastspreizung wirkt auf jeden der RGB-Farbkanäle. Im Handbuch heißt es hierzu: *Sie sollten dieses Kommando nur verwenden, wenn Sie einen unerwünschten Farbton in einem Bild haben, das nur Schwarz und Weiß enthalten sollte.*

HSV strecken wirkt wie die Kontrastspreizung, allerdings im HSV-Raum. *Gelegentlich liefert dieses Kommando tatsächlich gute Ergebnisse, meistens jedoch sehen die Bilder etwas seltsam aus.* (Handbuch)

Normalisierung wirkt ganz ähnlich und setzt den hellsten Bereich als weiß und den dunkelsten als schwarz, um die Farben entsprechend anzupassen und den Kontrast zu spreizen.

Komponenten enthält eigentlich nur zwei gestalterische Funktionen:

Kanalmixer ... ermöglicht das Mischen neuer Farben aus den vorhandenen. Dazu lassen sich für jeden unter **Ausgabekanal** ausgewählten Farbkanal (**Rot, Grün, Blau**) die gewünschten Farbmischungen mit den Schiebereglern einstellen.

Monochrom reduziert dies auf einen Grauwert- bzw. Helligkeitskanal.

Durch die Option **Leuchtstärke erhalten** gleicht GIMP die Helligkeit automatisch aus, ohne eingestellte Farbverhältnisse zu verändern. Ohne diese Option kann es zu Übersteuerungen kommen (hier im Vorschaufenster gezeigt). Die vorgenommenen Einstellungen lassen sich **Speichern, Öffnen** oder **Zu-**

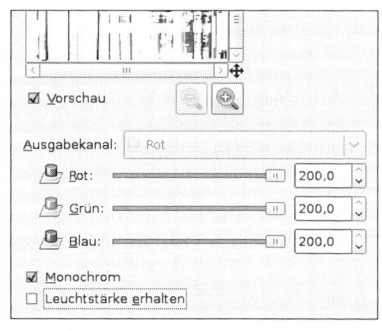

rücksetzen. Im Handbuch heißt es zu diesem Werkzeug: *Welchen Kanal sollten Sie modifizieren? Das kommt darauf an, was Sie machen wollen. Grundsätzlich ist der rote Kanal gut geeignet, um Kontraste zu verändern. Der grüne Kanal eignet sich gut für Detailveränderungen, der blaue für Änderungen von Körnigkeit und Rauschen.*

Wieder zusammenfügen rekonstruiert ein mittels **Zerlegen ...** aufgetrenntes (und bearbeitetes) Bild ohne Optionen neu.

Zerlegen ... wandelt das Bild in mehrere Bilder oder Ebenen um, abhängig vom gewählten Farbmodell. Zerlegen in **RGB** verwendet GIMPs intrinsische Farbkanäle, für die anderen Modelle berechnet GIMP die entsprechenden Werte (fehlerbehaftet). **Farbmodus** wählt das gewünschte Farbmodell aus: RGB Rot/Grün/Blau als Ebenen und zwei Kanäle (Grauwerte/Helligkeit sowie Transparenz), RGBA enthält eine zusätzliche Ebene für die Transparenz, HSV drei Ebenen für Farbton, Sättigung und Helligkeit, HSL ist wie HSV mit relativer Helligkeit, CMY bewirkt Auftrennen in Cyan, Magenta, Yellow, CMYK ist

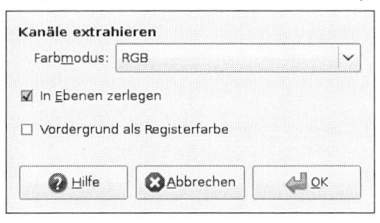

wie CMY zusätzlich mit Schwarz, Alpha extrahiert Transparenz, das Modell LAB verwendet die Komponenten Leuchtkraft sowie Rot-Grün- beziehungsweise Blau-Gelb-Anteil der Farben. YCbCr* steht für mehrere Farbmodelle mit Leuchtkraft und unterschiedlichen Rot- bzw. Blautönen. So erzeugte Bilder lassen sich getrennt bearbeiten, anschließend vereinigt sie **Wieder zusammenfügen** erneut.

In Ebenen zerlegen erzeugt ein Bild mit mehrere Ebenen, voreingestellt sind mehrere Bilder. **Vordergrund als Registerfarbe** wird zusammen mit CMYK eingesetzt und färbt Pixel in der aktuellen Vordergrundfarbe in allen Ausgabeebenen bzw. -kanälen schwarz.

HINWEIS

So zerlegte Bilder lassen sich – nach einer Nachbearbeitung – wieder mit dem nächsten Menüpunkt zurückwandeln. Allerdings dürfen diese Bearbeitungen nicht allzu stark ausfallen, damit GIMP die Rückwandlung noch vornimmt. Schärfen, Helligkeitsanpassungen usw. sind aber möglich.

Zusammensetzen ... erzeugt ein Bild aus mehreren Komponenten neu. Unter »Kanäle zusammensetzen« wählt **Farbmodus** ein Farbmodell (analog zu **Zerlegen**). Deren Zuordnungen und Gewichtungen lassen sich anschließend unter **Kanal-Zuweisungen** einzeln einstellen. **Maskenwert** steuert die Gewichtung der Komponente als Maske. Eine Vorschau fehlt bisher.

Das Untermenü **Abbilden** enthält Funktionen zur Manipulation von Farben bzw. Farbpaletten. Für Bilder mit indizierten Farben (**Indiziert ...**, Seite 86) erlaubt **Farbtabelle setzen ...** eine Farbpalette auszuwählen. Dazu öffnet **Palette** das »Script-Fu-Palettenauswahl«-Fenster, das alle derzeit verfügbaren Paletten enthält. **OK** wendet sie auf die Grafik an.

Farbtabelle umsortieren ... ermöglicht das selektive Vertauschen von Farben innerhalb der aktiven Farbtabelle. Dort steht ein Kontextmenü zum Sortieren der Farbtabelle zur Verfügung.

Die anderen Menüpunkte wirken auf Bilder ohne indizierte Farben. **Alien-Map ...** erzeugt »Falschfarben« durch Veränderung der im Bild vorhandenen Farben in den mittels **Modus** ausgewählten Farbmodellen RGB oder HSV (hier in der HSL-Variante).

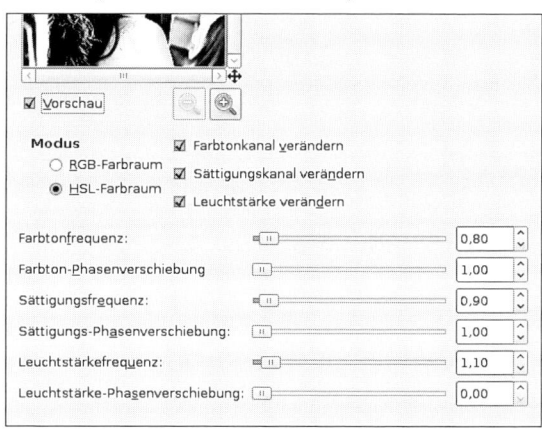

Abhängig davon schränken drei Buttons (bei RGB: **Roten Kanal verändern, Grünen Kanal verändern, Blauen Kanal verändern** bzw. bei HSL: **Farbtonkanal verändern, Sättigungskanal verändern, Leuchtstärke verändern**) die Bearbeitungsmöglichkeiten ein. Bei RGB lassen sich **Rotfrequenz** (Bereich 0 bis 20) und **Rote Phasenverschiebung** (Bereich 0 bis 360), **Grünfrequenz** und **Grüne Phasenverschiebung, Blaufrequenz** und **Blaue Phasenverschiebung** ändern, bei HSL sind es **Farbtonfrequenz** und **Farbton-Phasenverschiebung, Sättigungsfrequenz** und **Sät-**

tigungs-Phasenverschiebung, Leuchtstärkefrequenz und Leuchtstärke-Phasenverschiebung. Die Auswirkungen sind teils enorm, teils kaum wahrnehmbar. Frequenzen zwischen 0.3 und 0.7 variieren das Original, andere Werte verfremden stark.

Auf Farbverlauf verwendet den aktuell eingestellten Farbverlauf (Seite 139) zur Farbveränderung. Dunkle Bereiche werden durch den linken Rand, helle mit den Farben des rechten abgebildet. Da Farbverläufe beliebige Abfolgen (einschließlich Transparenz) enthalten können, sind viele Effekte möglich.

Auf Palette wirkt ähnlich wie **Auf Farbverlauf**, verwendet allerdings die aktuelle Farbpalette (Seite 106), aus der GIMP die Farben für das Bild auswählt, ihre Helligkeit dient als Index in der Palette.

Farben drehen … verändert auf intuitive Weise die Farben in einem Bild, einer Ebene oder einer Auswahl. »Haupteinstellungen« fasst die wichtigsten Features zusammen. **Bereich** stellt ein, worauf der Filter wirkt: **Ganze Ebene**, die **Auswahl** (zeigt in der Vorschau nur diese) oder den **Kontext** (wirkt auf die Auswahl, zeigt aber auch deren Kontext).

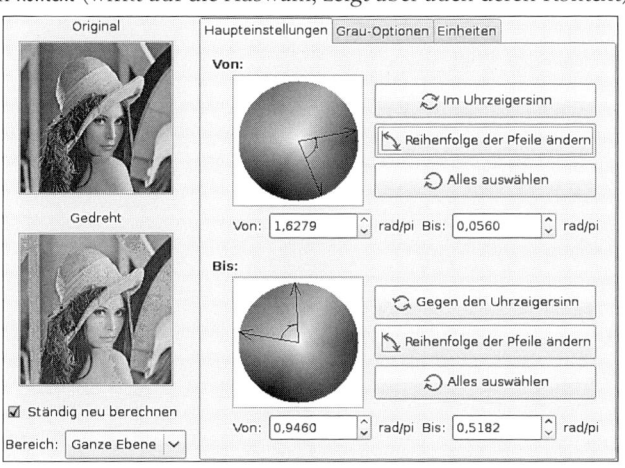

»Von:«/»Bis:« definieren Quellbereich (zu verändernden Farbbereich) und Zielbereich (die darin verwendeten Farben). Zeiger stellen beide ein, genauer mit **Von:** (rad/pi) und **Bis:** (rad/pi). **Im Uhrzeigersinn** bzw. **Gegen den Uhrzeigersinn** und **Reihenfolge der Zeiger ändern** bzw. **Alles auswählen** definieren, welchen Bereich GIMP im Farbkreis verwendet.

»Grau-Optionen« ermöglicht Veränderungen von Grautönen (die der Filter sonst ignoriert). Im Farbkreis unter »Grau« repräsentiert der kleine Kreis den als »Grau« angesehenen Farbbereich, was Sättigung: unter »Grauwertschwelle« verändert. Ein Mausklick im Farbkreis wählt eine Kombination aus Farbton und Sättigung aus, die GIMP gemäß des »Graumodus« behandelt. Wie diese behandeln wandelt Grautöne unter Berücksichtigung der »Haupteinstellungen« in die oben gewählte Farbe um, In diese ändern berücksichtigt sie nicht.

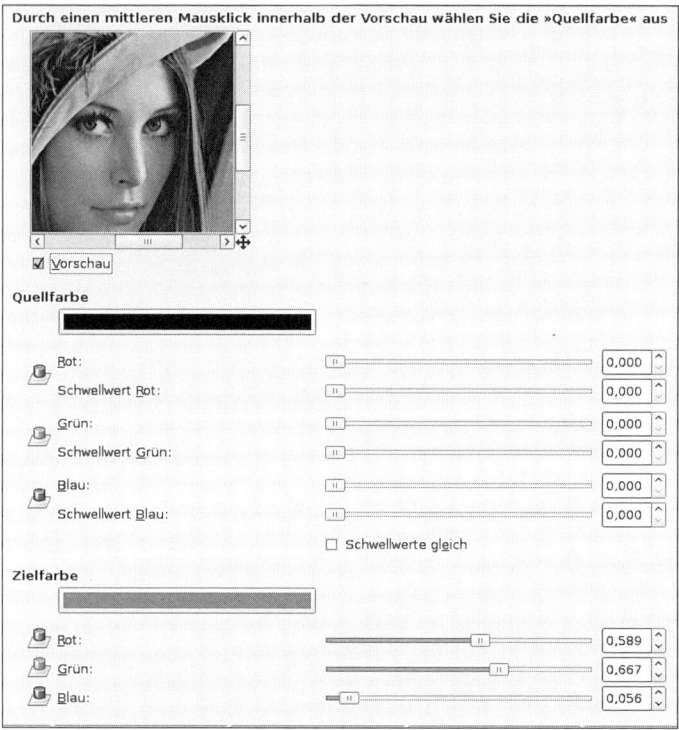

Mit Farben vertauschen ... (Taste [x]) tauscht GIMP eine »Quellfarbe« durch eine »Zielfarbe« aus. Zunächst wird die Quellfarbe gewählt, entweder im Vorschaufenster mit der mittleren Maustaste oder über den Farbbutton, der ein Farbfenster (Seite 94) öffnet. Dort erlaubt die Farbpipette  die Auswahl von Farben direkt im Bildfenster, was analog für die Zielfarbe gilt. Im »Quellfarben«-Abschnitt stehen drei Schieberegler zur Feineinstellung der RGB-Werte (Intensitäten) – **Rot**, **Grün**, **Blau** – zur Verfügung. Parallel dazu gibt es für jeden Farbkanal einen Schwellwertregler, der die Empfindlichkeit einstellt. **Schwellwerte gleich** setzt alle Regler auf den Wert des zuletzt bewegten.

Mit **Kolorieren …** lassen sich einfarbige (Graustufen-) Bilder einfärben, sofern sie im RGB-Modus (siehe **Bild**-Menü, Menüpunkt **Modus**, Seite 86) vorliegen. Dieser Filter wirkt auf eine aktive Auswahl oder, falls sie fehlt, auf die aktuelle Ebene. GIMP öffnet einen großen Dialog:

Links befindet sich das einzufärbende Bild, rechts der aktuelle Farbverlauf (Seite 139, Seite 18), **Aus Farbverlauf**, **Aus invertiertem Farbverlauf** oder ein anderes, momentan in GIMP geöffnetes (Farb-)Bild, dessen Farben verwendet werden sollen. **Auswahl zeigen** beschränkt die Vorschau auf die aktuelle Auswahl, **Farbe zeigen** aktiviert die Farbdarstellung. Die Schieberegler unterhalb der Bilder schränken die Wertebereiche in Quell- und Zielbild ein.

Mit **Musterfarbe auswählen** übernimmt GIMP die im Quellbild angeklickte Farbe. **Muster verweichen** bewirkt, dass GIMP zusätzliche Farbstufen berechnet, um alle Helligkeiten im Zielbild einzufärben. **Zwischenfarben verwenden** erlaubt GIMP, Farben aus dem Quellbild zu mischen, was aber oft zu sichtbaren Strukturen führen kann.

Intensität erhalten korrigiert die Helligkeiten so, dass sie im bearbeiteten Bild denen des Originals entsprechen. **Ursprüngliche Intensität** übernimmt die Intensität aus dem Original unverändert. Siehe auch:

www.cs.huji.ac.il/~yweiss/Colorization

Das Untermenü **Information** enthält vier kleine Werkzeuge, die spezielle Informationen über das Bild oder die aktuelle Ebene bzw. eine aktive Auswahl zeigen. **Histogramm** aktiviert den Histogrammdialog, der auch im **Fenster**-Menü unter **Andockbare Dialoge** zur Verfügung steht und statistische Informationen darstellt.

Unterhalb des Titels »Histogramm« nennt GIMP die Ebene, aus der die Informationen stammen, hier »Hintergrund«. Der Dialog unterstützt die zwei Diagrammtypen [⊡][⊡] linear (links) und logarithmisch und zeigt die Verteilung der Häufigkeiten vertikal gegen die Bitwerte horizontal.

Kanal wählt die Art der gezeigten Informationen aus: **Werte** steht für die

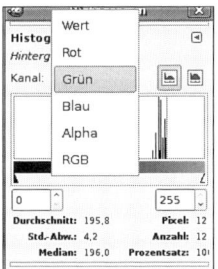

Helligkeit aller Farben, **Rot**, **Grün**, **Blau** für die Intensitäten der Farbkanäle, **Alpha** für den Alphakanal, analog zum Menüpunkt **Werte** (Seite 99). **RGB** erzeugt gleichzeitig drei Diagramme für die RGB-Farben.

Zwei Schieberegler unterhalb des Diagramms begrenzen den Bereich, für den GIMP Durchschnitt, Median (Zentralwert), Standardabweichung, Pixelanzahl in der Auswahl oder Ebene, Anzahl der Pixel in einen Diagrammbereich (anklicken) und Prozentsatz ausgewählter Pixel zur Gesamtzahl im Bild berechnet.

Die **Farbraumanalyse ...** arbeitet etwas allgemeiner: Sie berücksichtigt die aktuelle Auswahl, sofern vorhanden, sonst die aktuelle Ebene. Die dargestellten Angaben erklären sich selbst. Wieder zeigt das Diagramm die Verteilung der Pixelhäufigkeiten für die RGB-Farben.

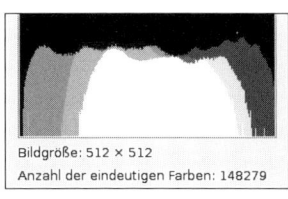

Bildgröße: 512 × 512
Anzahl der eindeutigen Farben: 148279

Palette glätten erzeugt ein neues Fenster mit einem Farbbalken der Farbpalette von der aktuellen Auswahl oder der aktuellen Ebene.

Diesen benötigt der **Flammen-Filter** (Seite 123). In dem sich öffnenden Dialog sind dessen Abmessungen (**Höhe** und **Breite**)  durch die Kettensymbole verbunden. **Suchtiefe** steuert die Feinheit der Linien im Bereich 1 bis 1024.

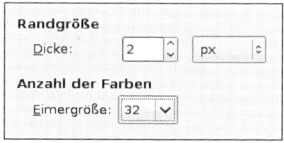

Randmittelwert ... ermittelt die Farbe der Randpixel um die aktuelle Auswahl bzw. aktive Ebene und setzt die Vordergrundfarbe im Werkzeugkasten (Seite 18) entsprechend dem Mittelwert der Randfarben. **Dicke** definiert, was GIMP als Rand berücksichtigt, **Eimergröße** die Anzahl der dabei als identisch interpretierten Farben.

Der letzte Teil des **Farben**-Menüs enthält verschiedene Farbfilter, die auf die aktuelle Auswahl, aktuelle Ebene oder das gesamte Bild wirken.

Einfärben ... wirkt, als ob eine farbige Folie über das Bild, die Ebene oder Auswahl gelegt würde. In dem sich öffnenden Dialog lässt sich deren Farbe aus einer Palette vordefinierter Farben oder frei (**Benutzerdefinierte Farbe**) wählen.

Farbe zu Transparenz ... wandelt eine ausgewählte Farbe in Transparenz um. Dazu legt GIMP automatisch einen Alphakanal an. Die Farbe lässt sich über den Farbbutton auswählen; in dem sich öffnenden Dialog gibt es mit der Farbpipette ⌫ eine Möglichkeit, die gewünschte Farbe direkt im Vorschau- oder Bildfenster auszuwählen. Das Kontextmenü des Buttons erlaubt, zwischen Vorder- und Hintergrundfarbe sowie Schwarz und Weiß umzuschalten. Auf gemischte Farben wirkt dieser Filter in abgeschwächter Form, weiche Auswahlen bleiben erhalten.

Filterpaket ... verwaltet mehrere einfache (HSV-basierte) Filter für die aktuelle Auswahl, aktuelle Ebene oder das gesamte Bild. Unter

»Zeigen« lässt sich die Vorschau einstellen (**Auswahl mit Umgebung** zeigt die Auswahl im Kontext), »Betroffener Bereich« wählt aus, ob die Filter auf dunkle Bereiche (**Schatten**), mittlere Helligkeiten (**Mitten**) oder helle Bereiche (**Glanzlichter**) angewendet werden. **Pixel auswählen nach** wählt den entsprechenden HSV-Kanal aus: **Farbton** (Hue), **Sättigung** (Saturation) oder **Wert** (Value, Helligkeit). Unter »Fenster« sind die verfügbaren Filter ausgelistet: **Farbton** ändert nur den Farbton, **Sättigung** die Farbintensität, **Wert** ihre Helligkeit. Für jeden dieser Filter erzeugt GIMP eine Reihe von Vorschlägen in Form von Vorschaubildern, deren Abstände der unter **Größe** eingestellte Wert steuert. Der **Erweitert**-Filter zeigt ein Diagramm, das angibt, wie abrupt GIMP Änderungen durchführt. Eine eckige Kurve erzeugt harte Übergänge, eine runde, flache Kurve weiche.

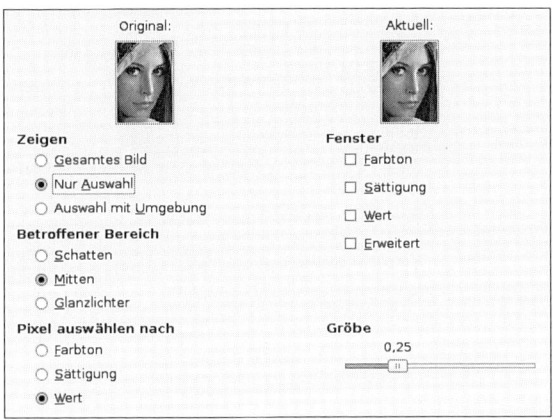

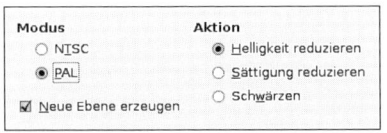

Heiß ... findet und bearbeitet Pixel, die bei einer Darstellung in einem Fernsehmodus **PAL** oder **NTSC** aufgrund ihrer Intensität problematisch sind. »Aktion« definiert, wie GIMP mit ihnen verfährt: **Helligkeit reduzieren**, **Sättigung>reduzieren** oder **Schwärzen** (macht die Pixel sichtbar!). Ohne **Neue Ebene erzeugen** bearbeitet GIMP das Originalbild, mit dieser Option, entsteht eine separaten Ebene.

Maximales RGB … wählt aus den RGB-Kanälen den mit dem Maximum (**Die maximalen Kanäle behalten**) bzw. Minimum (**Die minimalen Kanäle behalten**) aus und löscht die beiden anderen. Das ergibt flache Bilder in grellen Falschfarben.

Retinex … implementiert einen Algorithmus, der das Sehvermögen des Auges bei schlechtem Licht simuliert. Dieser benötigt eine Reihe von Parametern: **Grad** definiert, wie der Filter unterschiedliche Bereiche bearbeitet: **Gleichmäßig** wirkt überall ähnlich, **Hoch** hellt etwas stärker auf als **Niedrig**.

Skalierung: Große Werte führen zu weicheren Übergängen.

Skalierungsverhältnis: Hier erhöhen hohe Werte das Rauschen, niedrige reduzieren die Wirkung.

Dynamik: Höhere Werte vermindern die Sättigung.

BW Film Simulation simuliert die Darstellung auf einen unter **Film** ausgewählten Schwarz-Weiß-Film. Die Ergebnisse hängen von einer Reihe von Parametern ab und werden am besten experimentell ermittelt.

Chromatic Aberration … simuliert die bei unkorrigierten optischen Geräten auftretenden farbigen Ränder (Farbfehler) durch Verschieben des **Blue**- und **Red**-Kanals in horizontale und/oder vertikale Richtung. **Lateral** verschiebt sie in Richtung der Ränder.

Menü »Werkzeuge«

Das Werkzeuge-Menü erlaubt den Zugriff auf GIMPs Werkzeuge. Die
meisten dieser Tools stehen voreingestellt auch im Werkzeugkasten zur

Verfügung (oder lassen sich dort ergänzen). Der erste Teil gruppiert
Funktionen, die auch in anderen Menüs vorhanden sind.

Auswahlwerkzeuge stellt alle Auswahlwerkzeuge vom Werkzeugkasten be-
reit. Rechteckige Auswahl, Elliptische Auswahl,
siehe Seite 23, Freie Auswahl, siehe Seite 24, Vordergrundauswahl, siehe Seite 29,
Zauberstab, siehe Seite 26, Nach Farbe auswählen, siehe Seite 27, Intelligente Schere, siehe Seite 28.

Auswahlwerkzeuge dienen zum »Freistellen« von Bild- oder Ebenen-
teilen. Viele Funktionen wirken nur auf die durch die Auswahl markierten Bereiche. Auswahlen können »unscharf«, also mit einem
Rand, dessen Teile GIMP nur graduell auswählt und damit auch nur
teilweise bearbeitet. Die Schnellmaske (Seite 80) nutzt Malwerkzeuge
für die Auswahl.

Auch für das Menü Malwerkzeuge gilt:
Alle Funktionen lassen sich auch
direkt im Werkzeugkasten aktivieren: Füllen, siehe Seite 44, Farbverlauf, 46, Stift, 47, Pinsel, 47, Radierer,
48, Sprühwerkzeug, 49, Tinte, 50, Klonen, 51, Heilen, 52, Perspektivisches Klonen,
54, Weichzeichnen/Schärfen, 55, Verschmieren, 56, Abwedeln/Nachbelichten, 57. Alle
Funktionen wirken auf die aktuelle Auswahl oder, falls keine vorhanden ist, die aktuelle Ebene.

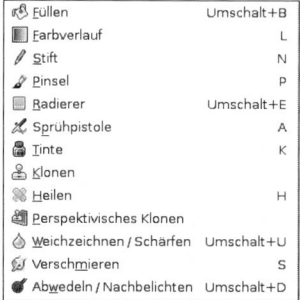

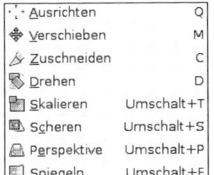

Das Untermenü **Transformationen** enthält qualitätserhaltende Translations- und qualitätsvermindernde Transformationswerkzeuge. Alle Funktionen lassen sich auch direkt im Werkzeugkasten aktivieren. **Ausrichten**, siehe Seite 35, **Verschieben**, 34, **Zuschneiden**, 35, **Drehen**, 37, **Skalieren**, 38, **Scheren**, 39, **Perspektive**, 40, **Spiegeln**, 41. Ausrichten, Verschieben und Zuschneiden arbeiten ohne Qualitätsverlust.

Im Untermenü **Farben** enthaltene Funktionen sind großenteils auch im Menü **Farben** (Seite 96) verfügbar. Hier ruft GIMP intern die gleichen Routinen auf. **Farbabgleich ...**, siehe Seite 96, **Farbton / Sättigung ...**, 96, **Einfärben ...**, 111, **Helligkeit / Kontrast ...**, 98, **Schwellwert ...**, 99, **Werte ...**, 99, **Kurven ...**, 100, **Posterisieren**, 102, **Entsättigen ...**, 102.

Der zweite Teil des Menüs **Werkzeuge** beinhaltet weitere Tools aus dem Werkzeugkasten. **Pfade**, siehe Seite 136 **Farbpipette**, 32, **Vergrößerung**, 32, **Maßband**, 33, **Text**, 43. *Neu in Version 2.6:* **GEGL-Operation ...** ist eine neue Schnitt-

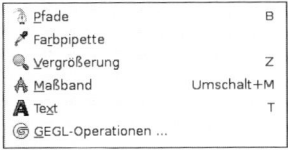

stelle zu der unter **Operation** ausgewählten Funktion der GEGL (Generische Grafiklibrary). Bisher sind dort nur einige Funktionen implementiert, die sich über Dialoge verwenden lassen.

Auch die letzten drei Funktionen des Menüs **Werkzeuge** sind im Werkzeugkasten verfügbar. **Werkzeugkasten** (Tasten [*Ctrl*][*b*]) öffnen das Fenster mit dem Werkzeugkasten, falls es zuvor geschlossen wurde. **Standardfarben** (Taste [*d*]) stellt Vorder- und Hintergrundfarbe wieder auf die Originalwerte (schwarz bzw. weiß) ein, **Farben vertauschen** wechselt Vorder- und Hintergrundfarbe.

Menü »Filter«

Das Filter-Menü enthält zahlreiche spezielle Funktionen zur Bildbearbeitung, die teilweise sinnvolle und z. T. sehr verspielte Effekte bieten. Die ersten vier Menüpunkte dienen der Filterverwaltung:

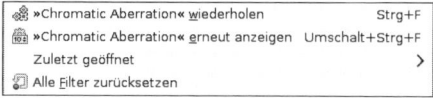

... wiederholen (Tasten [*Ctrl*][*f*]) wendet den zuletzt eingesetzten Filter erneut mit den letzten Einstellungen an, falls möglich, ohne den zugehörenden Dialog zu öffnen. Damit wiederholt und verstärkt GIMP dessen Effekt. ... erneut anzeigen (Tasten [*Ctrl*][⇧][*f*]) wirkt analog, öffnet aber den Dialog zur Änderung von Einstellungen. Zuletzt geöffnet enthält ein Liste der zehn zuletzt verwendeten Filter. Alle Filter zurücksetzen restauriert die Voreinstellungen aller Filter.

Nahezu alle Filter verfügen über eine (teilweise sehr große) Anzahl von Parametern zur Feinsteuerung der Effekte. Diese sollten systematisch getestet werden, um optimale Ergebnisse zu erzielen.

Weichzeichnen

Bei allen anderen Punkten handelt es sich um Untermenüs:

Weichzeichnen fasst sieben Filter zusammen: Bewegungsunschärfe ... simuliert die durch Bewegungen hervorgerufenen Wischeffekte. Drei Typen unterstützt der Filter. Linear: Winkel und Länge steuern den eindimensionalen Effekt. Radial: Simuliert das Drehen um das Unschärfezentrum (im Bildfenster lässt sich in der Statuszeile eine gewünschte Position dafür ablesen), kleine Winkel führen zu ansehnlicheren Ergebnissen. Zoom: Wirkt wie eine Brennweitenänderung (»Heranzoomen«) bei der Aufnahme.

Neu in Version 2.4: Focus Blur ... ist ein neuartiger Weichzeichner mit sehr vielen Einstellungen.

Gaußscher Weichzeichner ... ist der Standard-Weichzeichner, schnell und einfach in der Anwendung. Kachelbarer Weichzeichner ... wirkt analog, erlaubt aber so bearbeitete Bilder ohne sichtbare Kanten zu »kacheln«. **Selektiver Gaußscher Weichzeichner ...** wirkt nur auf Pixel, deren Farben höchstens um **Max-Delta** voneinander abweichen (dies soll Kanten im Bild erhalten). **Weichzeichenradius** steuert die Stärke des Effekts.

Verpixeln ... »rastert« Bilder sehr grob in Blöcke der angegebenen Größe.

Weichzeichner ist der einfachste Weichzeichner, der sich bei großen Bildern kaum auswirkt, bei kleinen aber großen Effekt hat.

Verbesserungen

Der Menüpunkt **Verbessern** enthält weitgehend automatisierte Filter für die Bearbeitung von Digitalfotos, ähnlich wie **Automatisch** im Menü **Farbe** (Seite 103). Hauptsächlich sind Filter zum Schärfen und zur Rauschreduktion vorhanden.

Entflackern ... interpoliert horizontale Zeilen, die Bildern fehlen, da sie im Halbbildverfahren (TV- oder Videobilder) aufgenommen wurden. **Erhalte (un)gerade Zeilen** steuert, welche Zeilen GIMP interpoliert.

Flecken entfernen ... retuschiert kleine Fehler in Bildern. Der Filter soll auch Moiré-Effekte vermeiden helfen. Er wird normalerweise auf eine Auswahl angewendet. **Median: Anpassend** wählt den **Radius** (stellt den bei Berechnungen berücksichtigten Bereich ein) automatisch durch Auswerten des Histogramms, **Rekursiv** verstärkt die Wirkung. **Schwellwert Schwarz/Weiß** legt fest, ab welcher Helligkeit GIMP Pixel entfernt.

GREYCstoration ... ist ein aufwendiger Filter (»GREYCstoration is an image regularization algorithm«) zur Rauschreduktion, zum Entfernen unerwünschter Bildteile und für Interpolationen (etwa zum Skalieren). Erklärungen und beeindruckende Beispiele finden sich hier: *cimg.sourceforge.net/greycstoration/*

Kantenglättung aktiviert einen automatischen Filter, um Kanten zu glätten, was durch Einfügen von Farbtupfern oft gut gelingt.

NL-Filter ... ist ein universeller, »nicht linearer Filter«, mit dem sich ganze Bilder schärfen (**Kantenverstärkung**), weichzeichnen (**Alphabasierter Mittelwert**) oder anderweitig verbessern (**Optimale Schätzung**) lassen. **Alpha** steuert die Wirkung, **Radius** reguliert die Filterstärke.

Refocus ... ist ein neuer Filter zum Schärfen, Informationen finden sich unter *refocus.sourceforge.net*. **Matrix Width** bestimmt den berücksichtigten Bereich, größere Werte verbessern das Ergebnis. **Radius** sollte etwa 1 oder mehr sein (steuert die Wirkung maßgeblich), **Gauss** sollte zunächst Null sein; **Correction** zunächst auf 0.5 stellen oder Werte nahe 1 testen. **Noise** (ca. 0.01) vermindert Filterartefakte.

Rote Augen entfernen ... verringert die Farbe roter Augen, die bei Blitzlichtaufnahmen entstehen. Der Schwellwert sollte möglichst gering gewählt werden, eine Auswahl muss die Augen markieren.

Schärfen ... ist ein einfacher Filter zum Schärfen, erhöht dabei aber das Rauschen. **Schärfe** steuert die Wirkung.

Sharpen (Smart Redux) aktiviert GIMPs »Smart Sharpen Filter«, der mit **Refocus** und **Unscharf maskieren** ... zusammenarbeitet. Es gibt ein Tutorial unter *www.gimpguru.org/Tutorials/SmartSharpening2/*.

Streifen entfernen ... versucht, vertikale Streifen zu entfernen, wie sie beim Scannen entstehen. Bilder ohne Streifen verschlechtert der Filter.

Unscharf maskieren ... ist ein bekannter, effektiver Filter zur Verbesserung der Schärfe durch Kontrastanhebung. *Dieser Filter sollte nur auf die Helligkeits- bzw. Leuchtkraft-Ebene in HSV bzw. HSL-zerlegte Bilder angewendet werden.* **Radius** definiert (abhängig von der Bildauflösung) den Rand um zu schärfende Kanten, **Menge** die Filterstärke (zu hohe Werte erzeugen Artefakte) und **Schwellwert** die notwendige Farbdifferenz an Kanten. Eine Auswahl begrenzt die Filterreichweite.

Wavelet denoise ist ein einfach anzuwendender, schneller Filter zur Rauschreduktion. Er lässt sich auf einzelne RGB- und YCbCr-Farbkanäle getrennt anwenden, was gute Resultate verspricht. Der Filter berücksichtigt eine bestehende Auswahl. Hier schreibt der Entwickler: *deebuv.wordpress.com/category/denoising/*.

Verzerrungen

Das Untermenü **Verzerren** enthält verspielte Filter für teilweise kuriose Anwendungen. Die meisten Filter berücksichtigen die Auswahl.

Drehen und Drücken ... verzerrt die Auswahl oder Ebene. **Drehwinkel** steuert die Rotation, **Druckstärke** konvexe oder konkave Verzerrungen.

Einrollen ... simuliert abgelöste und eingerollte Bildecken.

Gravur ... erzeugt für schwebende Auswahlen oder Ebenen mit Alphakanal streifige Effekte, die an Gravuren erinnern.

IWrap ... erzeugt interaktiv Verzerrungen, die sich als Animationen speichern und weiterverarbeiten lassen. Tutorials auf *video.google.com*, YouTube und anderen Portalen zeigen die Arbeitsweise.

Jalousie ... simuliert Bilder auf einer Jalousie. Die Ausrichtungen horizontal/vertikal lassen sich nacheinander anwenden.

Jede zweite Zeile löschen ... löscht horizontal/vertikal jede zweite Zeile/Spalte und füllt sie gegebenfalls mit der Hintergrundfarbe.

Mosaik ... simuliert anhand mehrerer Parameter Mosaiken aus drei- bis achteckigen Steinen, angeordnet anhand der Kanten im Bild.

Objektivfehler ... simuliert verschiedene Objektivfehler.

Polarkoordinaten ... erzeugt kreisförmig verzerrte (rotierte) Bilder.

Relief ... simuliert den Druck auf einer gedrückten Metallfolie, wahlweise farbig oder schwarz-weiß. Die Parameter **Azimut**, **Höhe** und **Tiefe** wirken stark auf das Ergebnis. Dies erzeugt raue Oberflächen.

Verbiegen ... verzerrt Bilder interaktiv vertikal. Die rechts neben der Vorschau vorhandene Linie stellt die Verzerrung ein.

Verschieben ... verzerrt Bilder spalten-/zeilenweise um geringe Beträge.

Video ... rastert Bilder in RGB-Pixel, simuliert Video oder TV.

Wellen ... simuliert Spiegelbilder in bewegtem Wasser.

Wert propagieren ... modifiziert Kanten anhand umgebender Pixel und diverser im Dialog einstellbarer Parameter; hat weitreichende Effekte.

Wind ... simuliert gerichtete Unschärfe durch Wind, ähnlich der Bewegungsunschärfe (Seite 116) oder dem Verschmieren (Seite 56).

Zacken ... erzeugt Sägezahn- oder wellenförmige Schlieren im Bild.

Zeitungsdruck ... simuliert den Farbdruck mit Halbtonbildern, verwendet dabei reine Farben (ähnelt dem Posterisieren, Seite 102).

Licht- und Schatteneffekte

Das Untermenü **Licht und Schatten** umfasst eine Reihe von Effektfiltern.

Glitzern ... wandelt helle Punkte in glitzernde Sternchen. In der Vordergrundfarbe angebrachte Punkte lassen sich als Quellen dafür setzen.

Lichteffekte ... simuliert einstellbare Lichtstrahlen ohne Schatten.

Linsenreflex ... simuliert die Reflexion in einem Objektiv.

Supernova ... erzeugt eine weiße oder farbige grell strahlende »Sonne«.

Verlaufsaufhellung ... simuliert Lichtreflexe, wie in Objektiven.

Perspektive ... berechnet Schatten für ausgewählten Bereiche.

Schlagschatten ... erzeugt einstellbare Schatten um Bild/Auswahl.

Xach-Effekt ... fügt die Auswahl mit einem Schatten versehen ins Bild.

Glasbausteine ... erzeugt Effekte wie durch Glasbausteine gesehen.

Lupeneffekt anwenden ... setzt die vergrößerte Auswahl an deren Stelle.

Rauschen

Das Untermenü Rauschen enthält Filter, die Nebel/Rauschen erzeugen.

Add film grain fügt Rauschen wie auf alten Filmen hinzu.

Auswählen ... erzeugt ein statistisches Rauschen (zufälliger Pixeltausch).

HSV-Rauschen ... ändert die HSV-Parameter in zufälliger Weise. Festhalten steuert die maximale Abweichung vom Ursprungswert.

RGB-Rauschen modifiziert die Werte der RGB-Kanäle zufällig.

Schmelzen ... Wie Auswählen mit zusätzlich vertikaler Bewegung (fließen).

Verstreuen ... vertauscht Pixel der Auswahl mit denen der Umgebung.

Verwirbeln ... Weißes Rauschen entsteht durch zufällige Pixelwerte.

Kanten finden und hervorheben

Das Untermenü Kanten finden enthält Funktionen zur Kantenerkennung für Effekte. Aus dem Handbuch: *Gegen falsch erkannte Kanten hilft ein leichtes Weichzeichnen des Bildes vor der Anwendung des Filters.*

Differenz der Normalverteilung ... nutzt Gaußsche Weichzeichner zur Erkennung.

Kanten ... bietet sechs verschiedene Algorithmen zur Kantenerkennung.

Laplace ist ein einfacher Filter ohne Parameter.

Neon ... umrandet die Kanten mit einem leichten »Glühen«.

Sobel ... berücksichtigt nur horizontale und/oder vertikale Kanten.

Diverse allgemeine Filter

Allgemein enthält nur drei Menüpunkte, die auf Auswahlen wirken:

Erodieren verringert die Helligkeit systematisch, dünnt Kanten.

Erweitern erhöht die Helligkeit systematisch, verdickt Kanten.

Faltungsmatrix ... erzeugt eigene (mathematisch definierte) Filter.

Bilder zusammenfügen

Kombinieren umfasst Funktionen, die ein Bild aus mehreren erzeugen.

Filmstreifen ... simuliert Einzelbilder auf einem (Positiv-)Film.

Tiefenkombination ... kombiniert durch Überblenden gleichgroßer Bilder.

Bilder künstlerisch bearbeiten

Künstlerisch vereint ein Dutzend sehr unterschiedlicher Effektfilter.

Cartoon ... simuliert eine flächige Comic-Zeichnung mit Schatten.

diana-holga2b wandelt Fotos in eine abgedimmte Form mit Rand um.

Fotokopie ... simuliert die harten Kontraste einer SW-Fotokopie.

GIMPressionist ... wandelt Bilder so um, dass sie wie »expressionistische Gemälde« wirken. *Sehr viele Parameter* beeinflussen das Ergebnis. Siehe auch: *www.linux-user.de/ausgabe/2001/08/078-gimp5/gimp5.html*.

Kubismus ... erzeugt eine kubistische Darstellung des Bildes.

Leinwand ... überlagert das Bild mit einer Leinwand-Textur.

Ölgemälde ... simuliert flächige, unregelmäßige Pinselstriche.

Predator ... »verpixelt« ausgewählte Bereiche in Thermo-Falschfarben.

Stoffmalerei ... wirkt wie auf Stoff gemalt oder gedruckt.

Van Gogh (LIC) ... Im Handbuch: *Spezialeffekte, die niemand versteht.* Siehe dazu: *de.wikipedia.org/wiki/Line_Integral_Convolution* und *docs.gimp.org/2.2/de/plug-in-lic.html*.

Warmes Leuchten ... verstärkt helle Bereiche und zeichnet sie dabei weich.

Weben ... projiziert das ganze Bild auf ein grobes Flechtwerk.

Rahmen und Effekte

Das Untermenü **Dekoration** umfasst dekorierende Funktionen:

Altes Foto ... simuliert den Sepia-Effekt und fügt Flecken hinzu.

Chrom aufkleben ... simuliert sehr ansehnlich Chrom, das bei Bildern *mit Ebenenmaske* in Form der aktuellen Auswahl aufgetragen wird.

Dia ... simuliert einen Diarahmen um das Bild.

Kaffeeflecken ... simuliert zufällig verteilte Kaffeeflecken auf dem Bild.

Rand abschrägen ... simuliert eine leichte Erhöhung des Bildes und einen allseitigen Rand. **Rand ausblenden** ... lässt das Bild am Rand unregelmäßig verblassen. **Rand hinzufügen** ... vergrößert das Bild um einen einfachen, einfarbigen allseitigen Rand (Rahmen).

Runde Ecken ... wirkt nur bei Bildern aus einer Ebene und ohne Alphakanal, zusätzlich lässt sich ein Schlagschatten simulieren.

Schablone einritzen ... erzeugt Reliefs aus einfarbigen (Graustufen-) Bildern.

Abbilden

Abbilden enthält Funktionen, die Bilder systematisch modifizieren.

Auf Objekt abbilden ... projiziert das Bild auf eine spiegelnde Oberfläche.

Bump-Map ... erzeugt aus einer Textur und einem Bild ein Relief. Siehe auch *www.linux-user.de/ausgabe/2001/07/078-gimp4/gimp4.html*.

Fraktalspur ... verformt das Bild fraktal (Mandelbrot- und andere Sets).

Illusion ... simuliert ein Kaleidoskop.

Kacheln ... kachelt aus einem Bild ein neues der angegebenen Größe. **Kleine Kacheln** ... nutzt kleinere Kacheln um die Bildgröße zu erhalten.

Nahtlos machen überlagert das Bild so, dass Kacheln zusammenpassen.

Normalmap ... erzeugt ein Relief, oft als Falschfarbenbild. Der Algorithmus kann auch für 3-D-Objekte eingesetzt werden, siehe dazu auch *nifelheim.dyndns.org/~cocidius/normalmap/*.

Papierschnipsel ... simuliert Papierstreifen/-schnipsel, die das Bild zeigen.

Resynthesize ... ist ein genialer Filter um Bereiche aus Bildern unauffällig durch Kopieren vorhandener Bildelemente zu entfernen, oft besser als es Klonen oder Heilen können. Weiterhin kann es Texturen erzeugen und Strukturen damit überprägen. Details finden sich unter *www.logarithmic.net/pfh/resynthesizer*.

Texturize ... wandelt Bilder oder Bereiche in kachelbare Muster um. Alphakanäle müssen zuvor entfernt werden.

Verformen ... verdreht und verformt Pixel anhand der Helligkeiten einer Karte (Verlagerungs-Map). **Verschieben** ... verschiebt sie entsprechend.

Fraktale und Texturen

Die im Untermenü Render enthaltenen Funktionen berechnen komplexe Fraktale, natürlich wirkende Bildelemente oder Texturen. Die meisten der Filter modifizieren die aktuelle Ebene und sollten daher vorzugsweise auf einer neuen angewendet werden.

Wolken enthält vier auf Auswahlen wirkende Filter: **Nebel** ... erzeugt eine Ebene mit einfarbigem Nebel (wirkt als Weichzeichner), **Plasma** ... generiert grelle Farbwolken, **Plastisches Rauschen** ... eine undurchsichtige Nebelwand und **Differenz-Wolken** ... natürlich aussehende Wolken.

Natur enthält voreingestellt nur zwei Funktionen: **Flammen** ... generiert zufällige fraktale Muster, die sich in Grenzen anpassen lassen. **IFS-Fraktal** ... (Iterated Function System) sind klassische Fraktale, wie sie ähnlich in der Natur vorkommen. Das Handbuch enthält in plug-in-ifsfractal.html eine Kurzanleitung (unter /usr/share/gimp/2.0/help/de/) für diesen komplexen Filter.

In **Muster** vorhandene Funktionen verwenden (einfache) mathematische Verfahren, um ansehnliche Effekte zu erzeugen: **Beugungsmuster** ... generiert vielfarbige weiche Linien, **CML-Explorer** ... (Coupled-Map Lattice) ist ein sehr komplexer Spezialfilter für breite Anwendungen.

Gitter ... überlagert das Bild mit einem einstellbaren Liniengitter (ähnlich wie, aber nicht zu verwechseln mit Rastern, Seite 84, und Hilfslinien, Seite 90). **Labyrinth** ..., **Puzzle** ... und **Schachbrett** ... legen diese Strukturen auf das Bild, **Qbist** ... ein kubistisch anmutendes Muster, **Sinus** ... eines mit besonders weichen Farbübergängen.

Der mittlere Teil des **Render**-Menüs enthält mit **Fraktal-Explorer** ... einen universellen Fraktalgenerator und mit **Gfig** ... ein einfaches Vektorzeichenprogramm, das für seine Ausgabe automatisch eine eigene Ebene »GFig« erzeugt. **Kugel-Designer** ... berechnet texturierte Kugeln.

Der letzte Teil des **Render**-Menüs umfasst vier Einträge: **Lava** ... berechnet in mehreren Schritten zufällig gewundene Strukturen.

Linienexplosion ... zieht farbige radiale Linien um den Bildmittelpunkt.

Platine ... simuliert Leiterbahnen (ähnelt dem Labyrinth, Seite 123). **Spyrogimp** ... generiert verschiedene symmetrische mathematische Linien.

Bilder fürs Web aufbereiten

Das Untermenü **Web** enthält drei Funktionen für Webgrafiken: **Imagemap** ... ist ein Imageeditor, mit dem sich Grafiken für Webseiten so aufbereiten lassen, dass sie »klickbare Bereiche« erhalten.

Semi-Abflachen ... erzeugt indizierte Bilder mit Transparenz, siehe Seite 94. **Zerteilen** ... teilt (große) Bilder entlang von Hilfslinien, siehe auch Guillotine (Seite 87). Zusätzlich entstehen benötigte HTML-Dateien.

Animationen

Funktionen für Animationen enthält das Untermenü **Animation**. Diese bestehen aus Einzelbildern (Frames), die GIMP nacheinander abspielt oder aneinandergehängt speichert. Das im **Verzerren** enthaltene **IWrap** (Seite 118) kann Animationen von Deformationen erzeugen.

Drehender Globus ... erzeugt Bildprojektionen auf eine Kugel, **Einbrennen** ... blendet in Form einer Feuerwand eine Ebene über den Hintergrund ein. **Flattern** ... benötigt nur eine Ebene, deren Inhalt zu flirren scheint. **Überblenden** ... verwendet eine Zwischenebene (also insgesamt drei Ebenen), um von einer zu einer zweiten zu überblenden. **Wellen** ... simuliert bei Bildern mit einer Ebene darüberlaufende Wasserwellen.

Der zweite Teil dieses Menüs umfasst Funktionen für Animationen: **Animation abspielen** ... zeigt die Animation in einem neuen Fenster, die Leertaste startet und stoppt sie dort. **Deoptimieren** ... entfernt Optimierungen (wandelt Frames in Ebenen um), um das weitere Bearbeiten zu erleichtern, was aber die Datei erheblich größer macht. **Optimieren (Differenz)** und **Optimieren (für GIF)** reduzieren die Dateigröße entsprechend.

Streak simuliert eine spezielle Schlitzkamera, die aus der Animation ein eindimensionales Bild berechnet.

Logos, für Ebenen mit Alphakanal

Das Untermenü **Alpha als Logo** umfasst derzeit knapp 20 Funktionen, für *Ebenen mit Alphakanal*. Um sie auf eine Auswahl anzuwenden, wird diese zunächst invertiert (Auswahl, Menüpunkt Invertieren) und dann gelöscht, was transparente Bereiche erzeugt.

3D-Umriss ... ersetzt die Auswahl durch eine gemusterte 3-D-Struktur.

Alien-Glow ... erzeugt einen »glühenden Umriss«, Alien-Neon ... einen »Neonrahmen« (Leuchtrahmen), Chrom ... einen einfachen Chrom-Effekt.

Weitere einfache Rahmen erzeugen Comic-Heft ..., Einfach 1 ... und Einfach 2 ... sowie Glühendheiß ..., Verlaufsschräge ... und Zerfressen ...

Komplexer sind Farbverlauf ..., Frostig ..., Glänzend ..., Kaltes Metall ..., Kreide ..., Kuhflecken ..., Leuchtreklame ..., Partikelspur ... und Texturiert ...

Das Untermenü Layer Effects enthält ebenenorientierte Funktionen, die vorzugsweise bei Textebenen Anwendung finden.

Add Border (strike) ... erzeugt Ränder, Bevel and Emboss ... simuliert Schatten, Color Overlay ... färbt den Text, Drop Shadow ... berechnet Schlagschatten, Gradient Overlay ... färbt mittels Farbgradient, Inner Glow ... und Inner Shadow ... verändern die Innenseiten, Outer Glow ... umrahmt Außenseiten, Pattern Overlay ... wendet ein Muster auf den Text an. Satin ... erzeugt einen Satin-Effekt. *Bei einigen Filtern ist es sinnvoll, die voreingestellten Ebenenmodi anzupassen, um optimale Ergebnisse zu erzielen. users.telenet.be/ev1/gimplayereffects_en.html* erklärt die Effekte.

Erweiterungen: Python-Fu, Script-Fu, Batch-Processing

Das Untermenü Python-Fu enthält voreingestellt nur den Menüpunkt Konsole. Dieser startet ein Fenster zum Start und zur Steuerung von Skripten. *www.gimp.org/docs/python/index.html* dokumentiert dies.

Im Untermenü Script-Fu sind zwei Funktionen für diese Schnittstelle vorhanden: Konsole startet wieder ein Fenster zur Steuerung, Server starten ... aktiviert den Server und erlaubt, dessen Port und Logdatei einzustellen. Eine Einführung findet sich unter: *www.gimpusers.de/tutorials/skript-fu-einfuehrung.html*, wesentlich ausführlicher ist aber die hier vorhandene (englische) Einführung: *www.gimp.org/docs/scheme_plugin/index.html*

Der im Untermenü Batch vorhandene Menüpunkt Batch Process ... ermöglicht es, wiederkehrende Abläufe zu automatisieren. Contact Sheet erzeugt eine Übersicht vorhandener Bilder in einem Verzeichnis (für die weitere Bearbeitung).

Menü »Fenster«

Das Fenster-Menü verwaltet GIMPs Fenster: Im oberen Teil enthält es zwei Menüpunkte: Unter **Kürzlich geschlossene Docks** führt GIMP eine Liste mit zuvor geschlossenen Docks. Alle in GIMP verfügbaren Docks lassen sich über den Menüpunkt **Andockbare Dialoge** im Dock

platzieren. Den mittleren Teil bildet eine Fensterliste aller momentan geöffneter Fenster. Im unteren lassen sich die Standardfenster »Werkzeugkasten« und das Dock »Ebenen, Kanäle, Pfade ...« jederzeit öffnen.

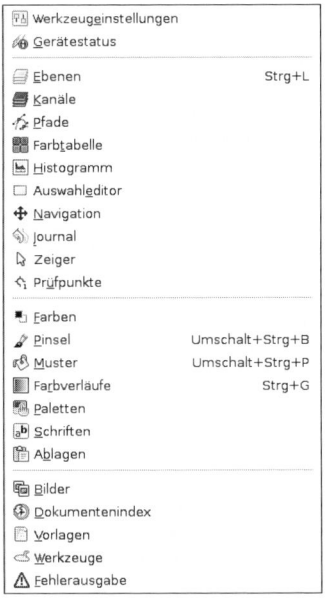

Der erste Menüpunkt **Werkzeugeinstellungen** unter **Andockbare Dialoge** öffnet den Werkzeugkasten und zeigt die Einstellungen des aktuellen Tools im unteren Fensterteil.

Gerätestatus erlaubt grundlegende Einstellungen für Eingabegeräte und Voreinstellungen für Werkzeuge, Vorder- und Hintergrundfarbe sowie den Farbverlauf in einem Dialog vorzunehmen.

Der zweite Teil dieses Menüs verwaltet GIMPs andockbare Dialoge. Voreingestellt öffnet GIMP die Dialoge in einem separaten Fenster, von wo aus sie sich mit der Maus am (fett dargestellten) Titel ins Dock ziehen lassen. Sobald Dialoge einmal im Dock aufgenommen sind, ruft der entsprechende Menüpunkt das Dock mit dem Dialog auf. **Ebenen** ([*Ctrl*][*l*], siehe Seite 131), **Kanäle** (Seite 135) und **Pfade** (Seite 136) aktivieren die (voreingestellten) Standarddialoge. **Farbtabelle** zeigt die Farbtabelle (Seite 106) indizierter Bilder.

Histogramm öffnet das Histogrammfenster, siehe Seite 110, **Auswahleditor** den Editor für Auswahlen (Seite 75). Der Menüpunkt **Navigation** aktiviert die sogenannte Ansichtsnavigation (analog Seite 83) zum schnellen Einstellen der Ansichtsgröße. **Journal** zeigt das Journalfenster (Seite 65) mit den Undo-Informationen.

Farben

Die folgenden Menüpunkte haben ihre Bedeutung bei Farben: **Zeiger**

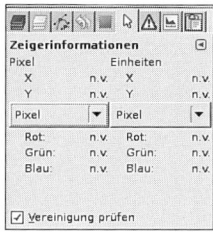

zeigt (neben den Koordinaten) Farbinformationen zu den Pixeln unter der Maus in einem Fenster. **Prüfpunkte** gibt Farbinformationen von bis zu vier Prüfpunkten (siehe dazu Seite 15 und 84). **Farben** startet den Farbdialog zur Wahl von Vorder- und Hintergrundfarbe (Seite 138). **Pinsel** öffnet den Pinseldialog ([Ctrl][⇑] [b], siehe Seite 143), **Muster** den für die Musterauswahl ([Ctrl][⇑] [p], siehe Seite 146).

Farbverläufe ([Ctrl][⇑] [g], siehe Seite 139) öffnet die Auswahl von Farbverläufen, **Paletten** die für Farbpaletten (Seite 141).

Schriften und Ablagen

Schriften aktiviert den Schriftdialog (Seite 147) zur Wahl einer Schrift, was meistens direkt mit dem Textwerkzeug (Seite 43) erfolgt.

Ablagen gibt eine Übersicht aller derzeit vorhandenen benannten Ablagen (Seite 68), um daraus eine auszuwählen.

Bearbeitete Dokumente, Bilder und Vorlagen

Die letzten fünf Menüpunkte dienen allgemeinen Verwaltungsaufgaben: **Bilder** öffnet den Bilderdialog (Seite 147), der eine Liste aktuell geöffneter Bilder führt und den schnellen Zugriff darauf ermöglicht.

Dokumentenindex (Seite 61) entspricht dem gleichnamigen Menüpunkt unter **Datei** und zeigt ein Liste zuletzt gespeicherter Bilder.

Vorlagen erzeugt, modifiziert und wählt Vorlagen für neue Bilder mit dem Vorlagendialog (Seite 147) aus. Neben der Bildgröße lassen sich Ausrichtung (Hoch- oder Querformat) und der Hintergrund (Farbe, Transparenz) sowie der voreingestellte Farbraum (RGB, Graustufen) vorab einstellen und ein Kommentar angeben.

Werkzeugkasten

Werkzeuge, Seite 114, legt fest, welche Werkzeuge GIMP im Werkzeugkasten anzeigt.

Plugins

Um beim Ausführen von Plugins auftretende Fehler finden zu können, lässt sich über **Fehlerausgabe** ein spezielles Fenster öffnen, in dem GIMP Pluginausgaben protokolliert.

Menü »Hilfe«

Das letzte Menü **Hilfe** enthält nur wenige Menüpunkte. Sie steuern die Online-Hilfe und zeigen Informationen zu Plugins bzw. deren Funktionen. Zur Nutzung der Online-Hilfe müssen zusätzliche Pakete installiert sein.

❷ Hilfe	F1
❷ Kontexthilfe	Umschalt+F1
♀ Tipp des Tages	
❶ Info	
⊕ Plugin-Browser	
Prozeduren-Browser	

Voreingestellt aktiviert [F1] die Online-Hilfe zum Menüpunkt unter dem Mauszeiger (was identisch mit **Hilfe** ist). Diese zeigt GIMP in einem Web- oder Hilfe-Browser an. [↑] [F1] (oder der Menüpunkt **Kontexthilfe**) aktivieren eine Hilfe für Bedienelemente in GIMPs Fenstern, Dialogen oder Docks.

Tipp des Tages zeigt die kleinen Tipps, wie sie GIMP voreingestellt beim Programmstart darstellt. **Info** öffnet ein Fenster mit grundlegenden Informationen zum Programm, wie Version, Entwicklernamen usw.

Die letzten Menüpunkte beziehen sich auf Plugins und sind besonders für Entwickler hilfreich.

Der **Plugin-Browser** zeigt alle derzeit installierten Plugins mit Namen und gibt Informationen (Zweck und Parameter) zu ihnen. Die **Listenansicht** führt alle Plugins alphabetisch auf, die **Baumansicht** zeigt sie hierarchisch und thematisch strukturiert.

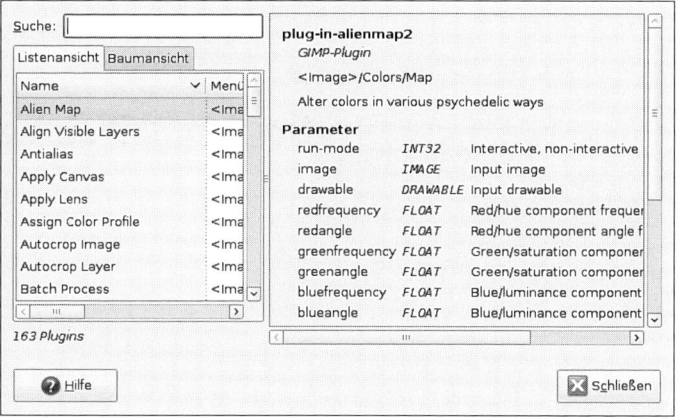

Der letzte Menüpunkt **Prozeduren-Browser** geht noch einen Schritt weiter.

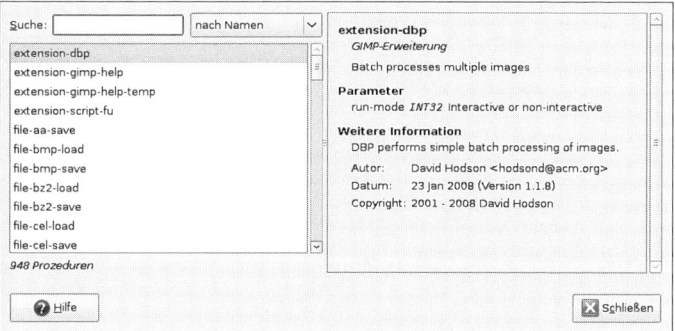

Er zeigt alle in GIMP verfügbaren Prozeduren (Funktionen) mit wichtigen internen Details wie Datentypen usw. an.

Docks und Dialoge

Im Dock (Seite 10) lassen sich bei Bedarf verschiedene kleine Fenster zusammenfassend »befestigen« und über Reiter direkt wieder anzeigen. Im Menü **Fenster** enthält der Menüpunkt **Andockbare Dialoge** (Seite 126) alle im Dock verwendbaren Tools. Normalerweise öffnen diese Menüpunkte neue Einzelfenster, die sich dann am (fett geschriebenen) Titel in das Dockfenster ziehen lassen. Im obersten Teil des Docks zeigt GIMP das gerade aktuelle Bild an, hier lassen sich alle vorhandenen auswählen. **Auto** bewirkt, dass GIMP immer die Docks zum aktuellen Bild zeigt. (**Bildauswahl anzeigen** – Seite 131 – aktiviert es.)

Voreingestellt sind im Dock drei Fenster: Das Ebenendock (Seite 131), das Kanaldockfenster (Seite 135) und ein Pfadfenster (Seite 136). Bei Bedarf lassen sich einzelne Dialoge aus dem Dock oder dem **Fenster**-Menü als selbstständige Fenster öffnen und gegebenfalls zum Dock hinzufügen.

Jeder »Reiter« im Dock wird über das kleine Dreieck rechts oben konfiguriert. An erster Stelle stehen Menüs mit für das Fenster relevanten Funktionen oder Optionen.

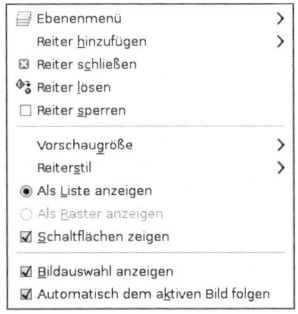

Der zweite Menüpunkt **Reiter hinzufügen** entspricht immer **Andockbare Dialoge** unter **Fenster** und zeigt alle verfügbaren Docks. **Reiter schließen** entfernt das Fenster aus dem Dock, **Reiter lösen**

oder das Herausziehen des Fensters mit der Maus am Titel erstellt ein neues separates Fenster, Reiter sperren verhindert dies. Folgende Menüpunkte zeigt GIMP nur für Reiter mit entsprechenden Features:

Vorschaugröße steuert, wie groß GIMP Vorschaubilder darstellt. Reiterstil legt fest, wie die Reiter im Dock gekennzeichnet sind. Voreingestellt ist das platzsparende Symbol bzw. Status bei der Farbauswahl.

Als Liste anzeigen oder Als Raster anzeigen ist nur interessant, wenn das Fenster viele Einträge zu verwalten hat, wie beispielsweise bei Schriften oder Farbpaletten.

Ohne Schaltflächen zeigen verschwinden die im unteren Bereich des Fensters vorhandenen Buttons für spezielle Funktionen des Dialogs, wie beispielsweise Speichern oder Sortieren.

Bildauswahl anzeigen blendet das aktuelle Bild oberhalb der Docks ein. Automatisch dem aktiven Bild folgen, entspricht dort dem Auto-Button.

Ebenendock

Die Tasten [Ctrl][l] öffnen das Ebenendockfenster. Es zeigt vorhandene Ebenen und erlaubt Manipulationen an ihnen. Die »aktuelle«

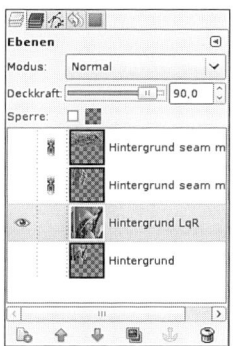

Ebene kennzeichnet ein Farbbalken. Modus (Ebenenmodus) steuert, wie GIMP Ebenen miteinander (oder durch Malwerkzeuge erzeugte Pixel mit Ebenen) kombiniert, Abschnitt *Ebenenmodi*, Seite 133 fasst sie zusammen. Der Deckkraft-Regler steuert die Deckkraft der aktuellen Ebene. »0« steht für vollständige Transparenz, »100 %« für völlige Sichtbarkeit, und das Ganze wirkt zusammen mit dem Modus.

Sperre erlaubt, transparente Bereiche vom Übermalen zu sperren, was allerdings einige Werkzeuge und Filter unbrauchbar macht.

Zwei Symbole zeigen im Ebenenfenster den Ebenenstatus an: markiert die im Bildfenster sichtbaren Ebenen, deutet die Verbindung von Ebenen an.

In dem Fenster lassen sich Ebenennamen anklicken und verändern, Ebenen mit Masken zeigen diese vor dem Namen an ([*Ctrl*][*lAlt*]+Mausklick öffnet sie). Die Namen von Ebenen ohne Alphakanal erscheinen fett. Die Reihenfolge der Ebenen im Ebenenstapel lässt sich mit der Maus ändern. Eine Ebene kann zur Bearbeitung direkt in das Werkzeug- oder Bildfenster gezogen werden.

Im Dock angezeigte Ebenen lassen sich über ein Kontextmenü (rechte Maustaste) verwalten. Dort stehen alle im **Ebenen**-Menü vorhandenen Funktionen und einige zusätzliche bereit. **Ebeneneigenschaften** zeigt die wichtigsten Eigenschaften der Ebene an, ermöglicht den Namen zu ändern. **Neue Ebene ...** erzeugt eine neue Ebene, siehe Seite 91. **Neu aus Sichtbarem** erzeugt eine Ebene aus den derzeit sichtbaren, siehe Seite 91. **Ebene duplizieren** erzeugt eine Kopie der Ebene, siehe Seite 91. **Ebene verankern** verankert eine schwebende Auswahl mit der aktuellen Ebene. **Nach unten vereinen** verbindet die aktive und die darunterliegende Ebene, Seite 92. **Ebene löschen** löscht die aktuelle Ebene. **Ebenengröße ...** modifiziert die Ebene auf die gewünschte Größe, ohne den Inhalt zu skalieren. **Ebene auf Bildgröße** setzt die Ebenengröße auf die Leinwandgröße, Seite 95. **Ebene skalieren ...** skaliert die Ebene auf die neue Größe, Seite 95.

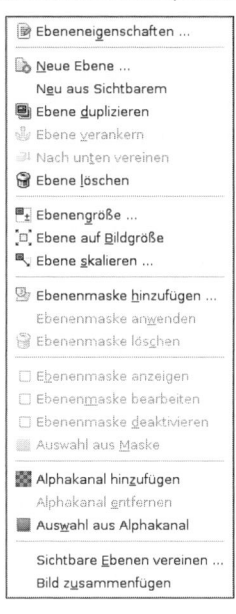

Ebenenmaske hinzufügen erzeugt für Ebenen mit Alphakanal eine Ebenenmaske, Seite 92. **Ebenenmaske anwenden** wendet die in der Maske vorgenommenen Modifikationen auf die Ebene an. **Ebenenmaske löschen** entfernt die Maske. **Ebenenmaske anzeigen** zeigt die Ebenenmaske an, Seite 92. **Ebenenmaske bearbeiten** erlaubt die Maske zu verändern, Seite 92. **Auswahl aus Maske** konvertiert die Maske in eine Auswahl, Seite 93.

Alphakanal hinzufügen ergänzt die Ebene um einen Alphakanal, Seite 93. **Alphakanal entfernen** löscht ihn wieder, Seite 93. **Auswahl aus Alphakanal** wandelt den Alphakanal in eine (aktive) Auswahl um.

Sichtbare Ebenen vereinen ... erzeugt eine Ebene aus den sichtbaren, Seite 89. **Bild zusammenfügen** vereinigt alle Ebenen zu einem Bild, Seite 89.

HINWEIS

Eine aus dem Ebenendock in den Werkzeugkasten gezogene Ebene öffnet GIMP als neues Bild.

Im Ebenendialog lassen sich zusammen mit der Taste [⇑] durch Anklicken eines Augensymbols alle anderen Ebenen aus- und wieder einblenden.

Anklicken der Ebenenmaske im Ebenendialog zusammen mit [*Ctrl*] schaltet die Wirkung der Maske an bzw. aus. Mit der [1Alt]-Taste lässt sich die Maske direkt betrachten.

Die Tastenkombination [*Ctrl*]-Tabulator[Tab] wechselt durch die Ebenen eines Bildes.

Ebenenmodi

Die Ebenenmodi steuern, wie GIMP die Pixel übereinanderliegender Ebenen kombiniert. Es handelt sich dabei meistens um einfache mathematische Verknüpfungen, deren Effekte aber oft nicht unmittelbar anschaulich sind, allerdings Strukturen oder Farben verstärken und bestenfalls 3-D-Effekte erzeugen. Von Malwerkzeugen erzeugte Effekte lassen sich mit den gleichen Operationen auf die aktuelle Ebene aufbringen.

Normal	Durch die Deckkraft gesteuert verdeckt die obere darunter liegende Ebenen.
Vernichtend	Ähnelt Normal, verwendet aber ein durch die Deckkraft gesteuertes zufälliges Muster, was »raue Effekte« erzeugt.
Multiplikation	Multiplikation der Farbwerte und anschließende Division durch 255, erzeugt dunklere Bilder.
Division	Division der Farbwerte, erzeugt hellere (überbelichtete) Bilder.
Bildschirm	Invertiert Farbwerte, wendet Multiplikation an, invertiert erneut (wirkt hell, oft etwas verwaschen).
Überlagern	Verdunkelt das Bild (schwächer als Multiplikation).

Abwedeln	Aufhellen durch die obere Ebene, ähnlich Division, (entspricht dem gleichnamigen Werkzeug).
Nachbelichten	Verdunkelt das Bild, insbesondere sehr helle Bereiche.
Harte Kanten	Erzeugt hellere Bilder mit scharfen Kanten, ähnlich wie Bildschirm.
Weiche Kanten	Wie Überlagern, mit weicheren Kanten.
Faser extrahieren	Erzeugt leicht reliefartige Strukturen, reduziert Körnigkeit.
Faser mischen	Erzeugt Körnigkeit und eine »faserige Darstellung«.
Unterschied	Subtrahiert Farbwerte und bildet den Absolutbetrag, ähnelt »Falschfarben«.
Addition	Summiert Farbwerte, wirkt stark überbelichtet.
Abziehen	Subtrahiert Farbwerte, erzeugt dunklere Bilder mit den Strukturen beider Ebenen.
Nur Abdunkeln	Wählt den jeweils kleinsten Farbwert beider Ebenen aus, erzeugt dunkle Bilder mit den Strukturen beider Ebenen.
Nur Aufhellen	Wirkt entsprechend, wählt dabei das Maximum der Farbwerte.
Farbton	Verknüpft Farbton (HSV) der oberen mit Sättigung und Helligkeit der unteren Ebene.
Sättigung	Verknüpft Sättigung der oberen mit Farbton und Helligkeit der unteren Ebene.
Farbe	Verknüpft Farbton und Sättigung der oberen mit Helligkeit der unteren Ebene.
Wert	Verknüpft Helligkeit der oberen mit Farbton und Sättigung der unteren Ebene.

HINWEIS

Details zu den Ebenenmodi enthält das Handbuch in der Datei `gimp-concepts-layer-modes.html`, typischerweise unter `/usr/share/gimp/2.0/help/`.

Mit dem Mausrad lassen sich die Ebenenmodi schnell wechseln, ohne das Menü »auszuklappen«. Gleiches gilt für die Modi der Malwerkzeuge.

Kanäle

Im Kanaldock verwaltet GIMP die Kanäle der aktuellen Ebene bzw. der Bilder. Neben Farbkanälen behandelt GIMP auch (als Kanäle

gespeicherte) Auswahlen und Ebenenmasken (»Deckkraft«) als Kanäle. Wie im Ebenendock (Seite 131) markieren Augen  die Sichtbarkeit, Ketten Verbindungen zwischen Kanälen; farbig markiert ist der aktuelle Kanal.

Der obere Teil des Fensters zeigt die Kanäle, der untere Auswahlmasken. Sieben Symbole am unteren Rand erlauben den schnellen Zugriff auf wichtige Funktionen: **Kanaldaten bearbeiten**, **Neuen Kanal erstellen**, **Kanal nach oben**, **Kanal nach unten**, **Kanal duplizieren**, **Auswahl aus diesem Kanal erstellen** (zusammen mit [⇑]: zur aktuellen Auswahl addieren, mit [*Ctrl*]: von Auswahl abziehen, mit [*Ctrl*][⇑]: Schnittmenge mit aktueller Auswahl) und **Kanal löschen**.

Diese Funktionen stehen auch im Kontextmenü (rechte Maustaste) zur Verfügung. **Kanaleigenschaften** erlaubt den Namen und die Deckkraft zu verändern.

Normalerweise zeigt GIMP für jede Ebene drei bzw. vier Kanäle: die RGB-Farbkanäle und bei Ebenen mit Alphakanal die Deckkraft. Bei indizierten Bildern gibt es nur einen Kanal. Der Alphakanal hat eine besondere Funktion: Seine Werte steuern die Transparenz der Ebene. Durch Deaktivieren eines der Farbkanäle entfernt GIMP diese Farbe aus der Ebene und zeigt die verbleibenden als Falschfarben.

Im **Auswahl**-Menü lässt sich die aktuelle Auswahl mit **In Kanal speichern** sichern. Dieses Verfahren erhält – im Unterschied zu (Auswahl) **Nach Pfad** – auch unscharfe Auswahlen. Mit Malwerkzeugen kann die Auswahl anschließend weiter bearbeitet werden: Weiß erzeugt weitere Auswahlen, Schwarz reduziert sie, Grautöne erzeugen teilweise (unscharf) ausgewählte Bereiche.

Pfade

Pfade werden meistens mit dem Pfadwerkzeug (Seite 30) erstellt und bearbeitet oder aus Auswahlen konvertiert (**Auswahl**, **Nach Pfad**, Seite 81). Der Mauszeiger zeigt den aktuellen Zustand des Werkzeugs an. Der Pfaddialog (Pfaddock) dient zur Verwaltung von Pfaden.

Abbildung 11: Pfade mit dem Pfadwerkzeug bearbeiten

Der Pfaddialog

Im Dock (Fenster »Ebenen, Kanäle, Pfade ...«) zeigt GIMP voreingestellt die in einem Bild enthaltenen Pfade an. In dem Fenster zeigt GIMP vorhandene Pfade, den aktuellen farbig unterlegt. Die Buttons unter dem Fenster haben folgende Bedeutungen: **Neuer Pfad**, **Pfad anheben**, **Pfad absenken**, **Pfad duplizieren**, **Auswahl aus Pfad** erzeugen (zusammen mit [⇑]: zur aktuellen Auswahl addieren, mit [*Ctrl*]: von Auswahl abziehen, mit [*Ctrl*][⇑]: Schnittmenge mit aktueller Auswahl), **Pfad aus**

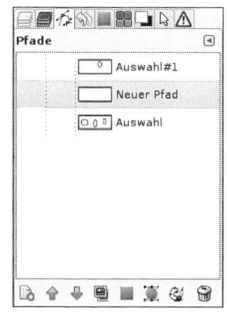

Auswahl erstellen, **Pfad nachzeichnen** und **Pfad löschen**. Das Symbol 🖉 verkettet Pfade miteinander, sodass sie sich als Einheit verschieben lassen.

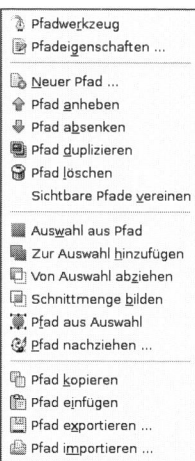

Wie üblich kennzeichnet das Auge 👁 die Sichtbarkeit der Pfade. Pfadnamen lassen sich im Fenster nach Anklicken verändern. Die meisten Möglichkeiten zur Bearbeitung von Pfaden bietet das Kontextmenü im Dock (rechte Maustaste). Die Mehrzahl der Funktionen steht auch auf andere Weise zur Verfügung. **Sichtbare Pfade vereinen** erzeugt einen Pfad aus den aktuell angezeigten.

Von den im letzten Teil vorhandenen Menüpunkten sind **Pfad exportieren** und **Pfad importieren** nur hier vorhanden: Sie schreiben den Pfad in Form von SVG-Daten in eine externe Datei bzw. lesen sie aus einer solchen ein. Vektorzeichenprogramme erzeugen oder verarbeiten sie weiter, einige Browser zeigen sie an.

Pfade erstellt GIMP aus Bézierkurven (Details dazu enthält die Datei gimp-path-dialog.html unter /usr/share/gimp/2.0/help/de/). Pfade lassen sich nach dem Erstellen mit dem Pfadwerkzeug nachträglich bearbeiten. GIMP speichert Pfade in xcf-Bilder mit ab.

Durch **Pfad kopieren** erscheint der Pfad in der Zwischenablage, **Pfad einfügen** holt ihn von dort. Das Nachzeichnen eines Pfades erlaubt die Wahl eines Malwerkzeugs bzw. einer Linienstärke und -art und der Füllart. Das Ergebnis erzeugt GIMP in der aktuellen Ebene.

Farben, Farbverläufe und Paletten

Drei Dialoge treten im Zusammenhang mit Farben immer wieder auf: Der zur Farbauswahl, einer zur Auswahl von Farbverläufen und für Farbpaletten. Für Bilder mit indizierten Farben gibt es den Dialog für die Farbtabelle.

Farben einstellen, die Farbauswahl

Der Farbdialog dient der Auswahl von Vorder- und Hintergrundfarbe: Sechs verschiedenen Varianten [Symbole] stehen dabei

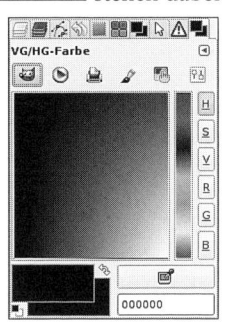

zur Verfügung: GIMP Standard (HSV und RGB), aus dem Rad (Farbrad), in Druckfarben CMYK, als Wasserfarben, aus der Palette, durch Schieberegler. Voreingestellt ist GIMP.

Mit der Farbpipette können Farben direkt im angezeigten Dialog oder im Bildfenster ausgewählt werden, ihre Farbwerte zeigt das Fenster darunter in HTML-Notation, auch CSS-Schlüsselwörter sind möglich. H, S und V zeigen die HSV-Werte der Farbe, R, G und B die RGB-Äquivalente. Die in der linken

unteren Ecke vorhandenen großen Farbflächen erlauben, Vorderbzw. Hintergrundfarbe einzustellen, die kleinen restaurieren die Vorgaben, die Pfeile vertauschen sie.

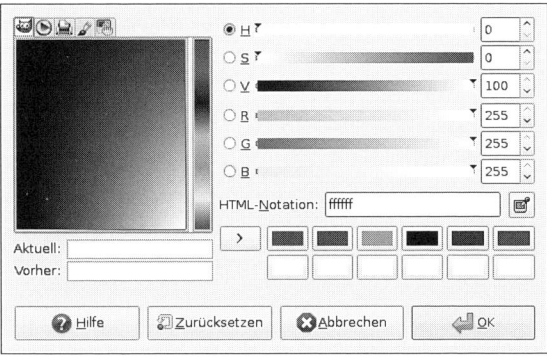

Das Fenster ist eine verkleinerte Version der im Werkzeugkasten angezeigten Farbauswahl, die identisch funktioniert. Zusätzlich stellt

es (unten rechts) eine temporäre Farbpalette zur Verfügung, in der GIMP bis zu zwölf Farben speichern kann. Ein Klick auf eines der Farbfelder restauriert die Farbe.

Im Modus Wasserfarben (⬚) bewirkt jeder Klick ein (leichtes) »Abtönen der Farbe« und nicht die direkte Übernahme der Farbe.

Farbverläufe

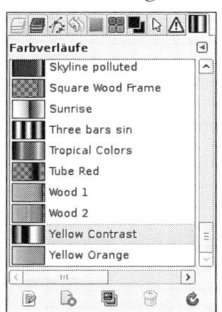

Dieser Dialog setzt, verändert oder wählt Farbverläufe für nachfolgende Aktionen mit Malwerkzeugen aus. Das Fenster zeigt alle momentan definierten Farbverläufe. GIMP verfügt voreingestellt über eine große Anzahl von Farbverläufen, die alle über eindeutige Namen verfügen müssen. Die fünf Buttons am unteren Rand erlauben das **Bearbeiten**, **Neuerstellen**, **Duplizieren**, **Löschen** und ein **Erneutes Einlesen** der Liste. Die ersten beiden Funktionen aktivieren den Farbverlaufseditor. Dieses Fenster ist eine Variante des über den Werkzeugkasten aufrufbaren Farbverlauffensters, Seite 46.

Der Farbverlaufseditor

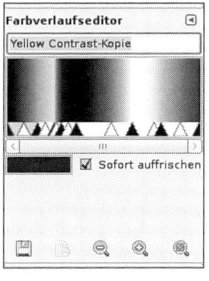

Er modifiziert oder erzeugt neue Farbverläufe. Falls GIMP über dem Verlaufsnamen »schreibgeschützt« anzeigt, lässt sich der aktuelle Verlauf nicht verändern. Dann kann aber eine Kopie erstellt und anschließend bearbeitet werden. Im Fenster aktiviert die Maus die gewünschte Farbe, ein Farbbalken zeigt den aktiven Bereich an. Benachbarte schwarze Dreiecke begrenzen Teile des Verlaufs (»Segmente«), weiße symbolisieren einen Kontrollregler, der die Farbveränderung steuert. Mit der [⇑]-Taste lassen sich mehrere Segmente gleichzeitig bearbeiten. Die Buttons unter dem Fenster **Speichern** den Verlauf, Heben Veränderungen auf, **Verkleinern** oder **Vergrößern** den dargestellen Ausschnitt bzw. passen ihn ins Fenster ein. Bisher verfügt der Editor über keine Undo-Funktion.

Auch der Farbverlaufseditor wird über ein Kontextmenü (rechte Maustaste) gesteuert. Dieses Menü enthält die zur Bearbeitung wesentlichen Funktionen. Linke Farbe, Rechte Farbe definieren Farben an den Segmentgrenzen, in fünf Varianten: Fest fixiert die aktuelle Einstellung, Vordergrundfarbe, Hintergrundfarbe übernehmen jeweils die entsprechenden Farben. Vordergrundfarbe (transparent) und Hintergrundfarbe (transparent) erzeugen Verläufe, die sich von völliger Transparenz bis zur Farbe kontinuierlich verändern. Farbe des linken Endpunktes

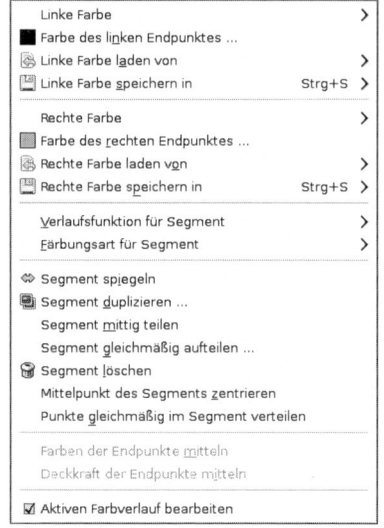

.../Farbe des rechten Endpunktes ... öffnen die Farbauswahl (Seite 138) zum Einstellen. Linke/Rechte Farbe laden von bzw. Linke/Rechte Farbe speichern in holen bzw. sichern Farben in Dateien.

Der dritte Teil des Menüs definiert mit Verlaufsfunktion für Segment die Verlaufsform, Färbungsart für Segment legt das dabei zugrunde liegende Farbmodell (RGB oder HSV) fest.

Weitere Einstellungen zum Segment enthält der nächste Teil mit: Segment spiegeln, Segment duplizieren ..., Segment mittig teilen, Segment gleichmäßig aufteilen ... und Segment löschen. Mittelpunkt des Segments zentrieren bewirkt, das GIMP die Kontrollregler in den Segmentmitten platziert, Punkte gleichmäßig im Segment verteilen platziert auch die Randbegrenzer gleichmäßig.

Farben der Endpunkte mitteln und Deckkraft der Endpunkte mitteln erzeugen weiche Übergänge, wenn mehr als ein Segment ausgewählt ist. Bisher verfügt der Editor über keine Undo-Funktion.

Farbpalette

In Farbpaletten verwaltet GIMP für indizierte Bilder (Seite 86) die bis zu 256 Farben. Die Farben in ihnen sind normalerweise sortiert, das ist aber nicht erforderlich. Neben der hier gezeigten Listendarstellung kann diese auch als platzsparendes Raster (ohne Anzeige der Namen) erfolgen. Die momentan vorhandenen Paletten stehen im Dock »Palette« zur Verfügung. Systemweit installierte Paletten können Anwender normalerweise nicht verändern. Sie fertigen daher Kopien vorhandener an und modifizieren diese. Die fünf Buttons am un-

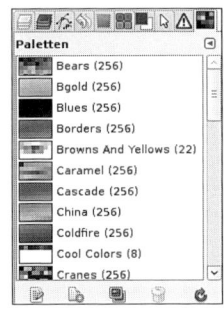

teren Ende der Liste haben diese Funktionen: Palette bearbeiten, Neue Palette, Palette duplizieren, Palette löschen und Paletten neu einlesen.

Das Kontextmenü (rechte Maustaste) enthält Funktionen zur

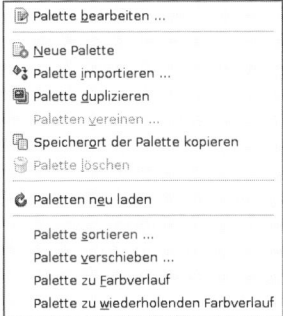

Bearbeitung und Verwendung der Paletten. Palette bearbeiten öffnet den Farbpaletteneditor (ein »schreibgeschützt« kennzeichnet nicht editierbare Paletten). In ihm öffnet ein Doppelklick auf die Farbfelder die Farbauswahl (Seite 138). Neue Palette öffnet den leeren Paletteneditor, Palette importieren ... lädt eine externe Palette. Das kann eine fertige Farbpalette (in einer Datei mir der Extension gpl) sein, ein Farbverlauf oder ein Bild.

Speicherort der Palette kopieren kopiert den Pfad in die Zwischenablage.

Paletten vereinen ... ist bisher nicht implementiert. Palette sortieren ... ordnet die Farben in der Palette anhand der Farbmodelle RGB bzw. HSV. Die Reihenfolge steuern Zu sortierender Kanal und Aufsteigend. Palette verschieben rotiert die Reihenfolge, Palette zu Farbverlauf und Palette zu wiederholenden Farbverlauf erzeugen Farbverläufe.

GIMP unterscheidet zwei Arten von Paletten: Während indizierte Bilder maximal 256 Farben haben und »indizierte Paletten« nutzen, können Farbtabellen bis zu 10000 unabhängige Farben umfassen und sind in externen Dateien gespeichert. Im Handbuch heißt es, dass: ... *Farbpaletten in Farbtabellen umgewandelt werden können, wenn Sie ein Bild auf Basis der Farbpalette in den Farbmodus „indiziert" überführen. Andersherum können Sie (...) die Farbtabelle eines Bildes im Farbmodus „indiziert" in eine normale Farbtabelle importieren.*

Für den Import von Farbpaletten verwendet GIMP einen eigenen Dialog: **Vereinigung prüfen** berücksichtigt alle sichtbaren Ebenen.

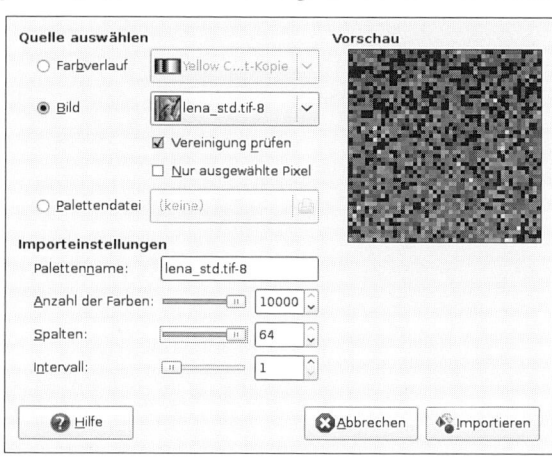

Mit **Nur ausgewählte Pixel** ignoriert GIMP Bereiche außerhalb der aktuellen Auswahl. Im unteren Bereich wird definiert, wie GIMP die importierte Palette verwendet: **Palettenname** erlaubt, neue Namen anzugeben, **Anzahl der Farben** die in der Palette vorgesehen Farbzahl. Übersteigt der Wert die Anzahl importierter Farben, interpoliert GIMP Zwischentöne. **Spalten** bezieht sich nur auf die Darstellung. **Intervall** erhöht die Anzahl der Farben in der Palette durch Gruppierung.

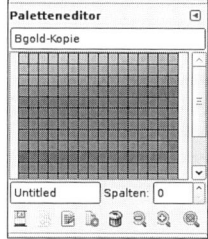

Im Paletteneditor erlaubt ein Klick auf die Farbfelder ihre Definition. Die sieben Buttons unter dem Paletteneditor haben diese Funktionen: Speichern – typischerweise unter palettes im Ordner .gimp-Version –, Zurücksetzen, Farbe bearbeiten, Neue Farbe aus Vordergrundfarbe – zusammen mit [Ctrl] übernimmt GIMP die Hintergrundfarbe, Farbe löschen, Ansicht verkleinern, Ansicht vergrößern und Ansicht einpassen.

Pinsel »Brush« (Pinseldialog)

GIMPs Pinsel simulieren als Malwerkzeuge reale Pinsel: Ihre Form legt fest, wo und wie GIMP Pixel setzt. Das Pinselwerkzeug (Seite 47) stellt viele Pinselspitzen zur Verfügung; deren Verhalten steuern die im unteren Teil des Pinselwerkzeugs eingestellten Parameter. Abstand passt den aktuell verwendeten Raum zwischen zwei vom Pinsel ausgegebenen Bitmaps an.

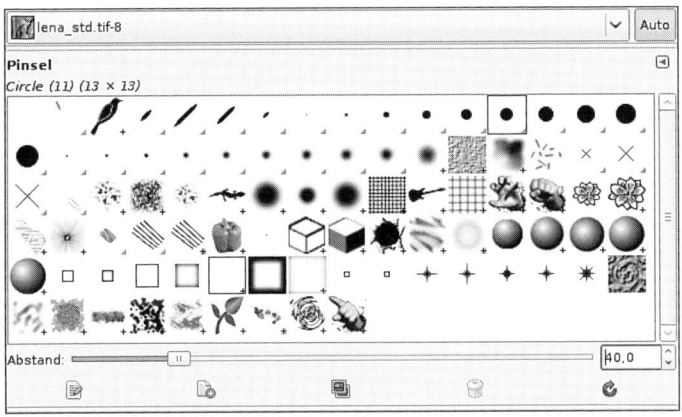

Abbildung 12: GIMPs voreingestellte Pinsel (Kreuze markieren verkleinerte Darstellungen)

Viele dieser Pinsel sind nur in speziellen Fällen sinnvoll (wie beispielsweise der Vogel und die weiter unten erscheinenden Motive), verdeutlichen aber die Features von Pinseln: GIMP stellt eine Bitmap durch den Pinsel (ohne besondere Einstellungen in der Pinseldynamik) regelmäßig durch die Mausbewegung gesteuert dar. Es gibt aber auch Pinsel, die über spezielle Effekte wie Farben und Animationen verfügen. Im Dock enthält wie üblich ein Kontextmenü (rechte Maustaste) die wesentlichen Funktionen.

Pinsel bearbeiten öffnet den Pinseleditor, Pinsel als Bild öffnen die Bitmap in einem normalen Bildfenster. Neuer Pinsel erzeugt im Pinseleditor einen neuen Pinsel, während Pinsel duplizieren einen vorhandenen kopiert. Speicherort des Pinsels kopieren macht den Pfad in der Zwischenablage verfügbar. Pinsel löschen entfernt den aktuellen Pinsel, Pinsel neu laden lädt die Liste verfügbarer Pinsel neu.

Elliptisch ... und Elliptisch, weich ... erstellt elliptische parametrisierte Pinsel, Rechteckig ... und Rechteckig, weich ... rechteckige Pinselspitzen.

Weich steuert die »Pinselschärfe«, Abstand legt fest, wie dicht GIMP Pinselabdrücke in einer damit gezeichneten Linie setzt.

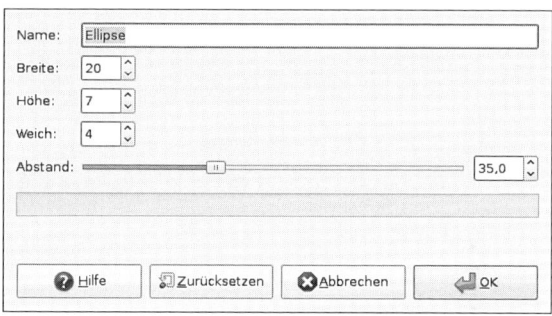

Pinselspitze

Normale Pinselspitzen kopieren die Pixel einer einfarbigen Bitmap (ihre Helligkeit steuert die Intensität der aufgetragenen Vordergrundfarbe) in der Pinselform auf die aktuelle Ebene. Im Dock kennzeichnet ein kleines blaues Dreieck diesen Typ. Jede einfarbige Bitmap (Graustufenbild) lässt sich so als Pinselspitze nutzen.

Farbige Pinselspitzen verwenden Pixel einer zuvor gespeicherten Bitmap als »Farbe« und sind daher unabhängig von der eingestellten Vordergrundfarbe. Im Dock kennzeichnet ein kleines rotes Dreieck diesen Typ. Die Bitmaps können teilweise auch transparent sein, sodass sich jedes RGBA-Bild als Basis eignet. Die Pinseldatei wird mit der Extension gbr gespeichert. Diesen Pinseltyp kann GIMP direkt (ins Bildfenster) laden und bearbeiten.

Am einfachsten erzeugt der Menüpunkt **Neuer Pinsel** (im Menü **Bearbeiten** unter **Einfügen als**, Seite 144) neue Pinsel dieser Typen. In die Zwischenablage kopierte Bereiche lassen sich auch als Pinsel speichern.

Animierte Pinselspitzen kombinieren mehrere farbige Pinselspitzen (also Bitmaps) so hintereinander, dass sie sich abwechseln (»Bilderschlauch«). Im Dock kennzeichnet ein kleines rotes Dreieck diesen Pinseltyp.

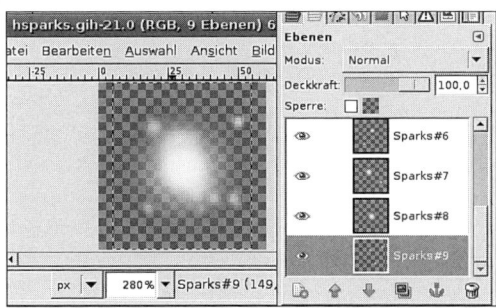

Die Pinseldatei wird mit der Extension gih gespeichert und besteht aus mehreren Ebenen mit den Einzelbildern. **Speichern unter** (Menü **Datei**) mit dieser Extension führt zu einem Dialog für Animierte Pinselspitzen, der dieses Format konfiguriert. Beispiele für diese Spitzen sind SketchBrush, Confetti, Feltpen, Sparks (»Sternenstaub«) und Vine. Sie lassen sich direkt ins Bildfenster laden und dort verändern. Infos: *www.gimp.org/tutorials/Image_Pipes/* und: *www.gimp.org/tutorials/Image_Pipes2/*

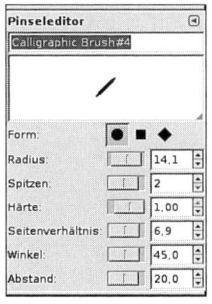

Parametrisierte Pinsel erzeugen **Elliptische ...** und ähnliche durch eine Reihe von Parametern gesteuerte Funktionen. Die Pinseldatei wird mit der Extension vbr gespeichert. Diesen Pinseltyp kann GIMP nicht direkt ins Bildfenster, sondern nur mit dem Pinseleditor laden, und dort bearbeiten. Ein Tutorial mit Details zu Pinseln ist: *www.gimp.org/tutorials/Custom_Brushes/*

Der Musterdialog

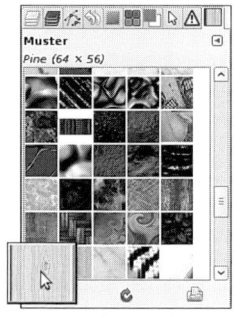

Muster sind farbige Bitmaps und ähneln farbigen Pinseln, GIMP verwendet sie aber anders. Das Musterdock, das auch im Werkzeugkasten erreichbar ist, dient ihrer Verwaltung. GIMP kann beliebige Bildausschnitte als Muster verwenden. Die Werkzeuge Klonen (Seite 51) und Heilen (Seite 52) sowie **Mit Muster füllen** (Seite 69) verwenden sie. Die Buttons am unteren Fensterrand haben diese Funktionen: Löschen eines Musters, erneutes Einlesen der Muster und das aktuelle Muster als Bild (zur Bearbeitung) öffnen. GIMP kann den Inhalt der Zwischenablage direkt als Muster speichern: **Neues Muster ...** (Seite 67) unter **Einfügen als** im **Bearbeiten**-Menü. Ein Mausklick auf eines der Vorschaubilder zeigt das Muster in natürlicher Größe.

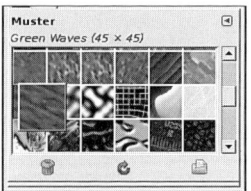

Entsprechend klein ist auch das Kontextmenü (rechte Maustaste), das nur den Menüpunkt **Speicherort des Musters** – überträgt den Pfad in die Zwischenablage – zusätzlich enthält.

Eine Besonderheit bei Mustern besteht in der Anwendung als »Kacheln«: Damit diese nahtlos aneinanderpassen, müssen die Ränder entsprechend gestaltet sein (oder gewählt werden), siehe **Nahtlos machen**, siehe **Kacheln ...** und **Kleine Kacheln ...**, Seite 122.

Im **Datei**-Menü unter **Erstellen** enthält der Menüpunkt **Muster** eine Reihe von Möglichkeiten, Muster automatisch zu generieren. Dabei steuern bestimmte Zufallszahlen bzw. Anfangswerte die Ergebnisse.

HINWEIS

Neben den üblichen Dateiformaten PNG, JPEG, BMP, GIF und TIFF hat GIMP ein eigenes speziell für Muster: PAT mit der Extension `.pat`. Bilder lassen sich in diesem Format als Muster speichern.

Ablagen und Schriften

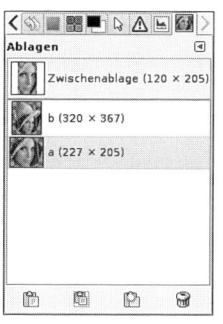

In Ablagen speichert GIMP ausgeschnittene oder kopierte Bereiche von Bildern, unabhängig von der Zwischenablage. Der entsprechende Dialog erlaubt ihre Verwaltung.

Vier Buttons am unteren Rand stellen die wesentlichen Funktionen zur Verfügung, wie dies auch das Kontextmenü analog macht. Es sind: Ablage einfügen, Ablage in Auswahl einfügen, Ablage als neues Bild und Ablage löschen. Die Namen von Ablagen werden beim Anlegen (Menü Bearbeiten, Untermenü Ablagen, Menüpunkte In Ablage kopieren ... oder In Ablage verschieben ... (Seite 68), vergeben, in Klammern zeigt GIMP die Größe des Inhalts (in Pixeln).

Den Schriftendialog zeigt GIMP automatisch beim Textwerkzeug (Seite 43), wo er zur Wahl einer Schrift dient. Der Button am unteren Rand erlaubt, die Liste verfügbarer Schriften neu einzulesen.

Bilder, Dokumente und Vorlagen

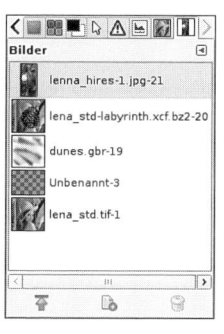

Im Bilderdialog zeigt GIMP alle derzeit geöffneten Bilder als Liste. Drei Buttons am unteren Rand ermöglichen es, eine Ansicht des ausgewählten Bildes anzuheben (Ansicht anheben), eine Neue Ansicht erzeugen bzw. das Bild löschen (aus der Liste, alle Ansichten schließen). Bildnamen erzeugt GIMP aus dem Dateinamen, bei mehreren gleichen Bildnamen mit einer angehängten Nummer.

Dokumentenindex öffnet und zeigt den Dokumentenindex, analog zum gleichnamigen Menüpunkt (Seite 61). Die Buttons am unteren Rand entsprechen den Punkten des Kontextmenüs: Bild öffnen, Bild öffnen oder anheben, Datei öffnen (entspricht Öffnen ... im Datei-Menü, Seite 61), Speicherort des Bildes kopieren, Eintrag entfernen, das Journal säubern und Vorschau neu erzeugen, Alle Vorschaufenster neu laden. Hängende Einträge entfernen löscht Einträge aller Dokumente aus dem Index, die GIMP nicht mehr an den zuvor gespeicherten Pfaden findet.

Vorlagen erzeugt neue Vorlagen, ähnlich dem Menüpunkt **Vorlagen** (Seite 127) oder **Als Vorlage speichern** (Seite 63). Wie üblich entsprechen die Buttons den Einträgen des Kontextmenüs: **Bild aus Vorlage erstellen**, **Neue Vorlage ...** erstellen, **Vorlage duplizieren ...**, **Vorlage bearbeiten ...**, **Vorlage löschen ...**

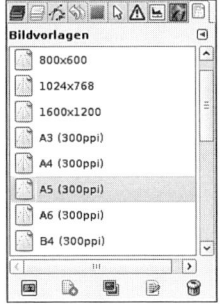

Die weiteren Dialoge Werkzeuge und Fehlerausgabe entsprechen den gleichnamigen Menüpunkten unter **Fenster**.

Anhang

Wenn GIMP »nichts« macht ...

In manchen Situationen zeigen Bildbearbeitungsprogramme wie GIMP (scheinbar) keine Reaktion, oder zumindest nicht die erwartete. Die Gründe sind meistens einfach und leicht zu beheben.

- Wird auf der richtigen Ebene gearbeitet? Auf diese wechseln bzw. sie aktivieren.
- Wird diese auch angezeigt? Ebene anzeigen im Ebenendock.
- Gibt es eine schwebende Ebene? Alle Aktionen beziehen sich darauf, bis sie verankert wird.
- Gibt es eine Auswahl? Nur innerhalb dieser arbeiten viele (Mal-) Werkzeuge.
- Ist eine Auswahl vorhanden? Sonst wird eventuell das gesamte Bild einheitlich bearbeitet, oder eben gar nichts.
- Ist der aktuelle Mal- oder Ebenenmodus richtig gewählt? Sonst umschalten.
- Ist die Deckkraft richtig (ausreichend hoch) eingestellt?
- Wurde Transparenz im Ebenendock gesperrt, sodass sie unveränderbar ist? Entsperren, Seite 131.

Inaktive Menüeinträge

Viele Menüpunkte stehen nur in bestimmten Situationen zur Verfügung, GIMP stellt sie ansonsten »ausgegraut« dar. Die wichtigsten Gründe dafür sind:

- Der Bildmodus ist RGB, Graustufen oder indiziert; jeder Modus erlaubt bestimmte Aktionen und schließt andere aus.
- Die aktuelle Ebene hat (k)einen Alphakanal: Manche Funktionen benötigen Ebenen mit Alphakanal, andere können damit nicht arbeiten.
- Ähnliches gilt eingeschränkt auch für Ebenenmasken.
- Einige Funktionen oder Plugins benötigen eine Auswahl, ohne zeigen sie keine Wirkung (oder bearbeiten das gesamte Bild).

Zusätzliche Modi der Malwerkzeuge

Die Malwerkzeuge verfügen über die gleichen Modi wie Ebenen, und zusätzlich über zwei spezielle Varianten:

- Hinter: Zeichnet nur auf dem (*transparenten!*) Hintergrund.
- Löschen: Entfernt (*nur!*) die Vordergrundfarbe, lässt den Hintergrund (oder Transparenz bei Ebenen mit Alphakanal) hervortreten.

Die anderen Modi arbeiten analog zu den Ebenenmodi, Seite 133.

Wichtige Neuerungen der Version 2.6

- Ein Haupt- oder Bearbeitungsfenster erscheint auch dann, wenn GIMP keine Grafikdatei geladen hat.
- Das ehemalige Toolbox-Menü (aus dem Werkzeugkasten) ist in das Bearbeitungsfenster integriert worden.
- Werkzeugkasten und Docks werden als »Utility Windows« geöffnet (sofern dies der eingesetzte Window Manager unterstützt).
- Kürzlich geschlossene Docks erscheinen im Menü Fenster, von wo aus sie sich auch wieder öffnen lassen.

- Tabs lassen sich nun sperren, um versehentliches Verschieben zu verhindern.

- Die Online-Hilfe wurde aktualisiert. Sie lässt sich mit einem Webbrowser verwenden.

- Die Auswahl mit den Freihandauswahl (*Die Freihandauswahl*, Seite 24) kann Polygone für die Auswahl einsetzen, alle Teilstücke lassen sich unabhängig justieren.

- Neu sind die sogenannten »Brush Dynamics« (»Pinseldynamik« im Dock, Seite 43). Sie erlauben, mit verschiedenen Parametern (Druck, Geschwindigkeit) das Verhalten von Malwerkzeugen durch sensorische Geräte (aber auch mit der Maus) dynamisch zu verändern.

- Voreinstellungen für viele Farbwerkzeuge lassen sich nun speichern.

- Die wohl wichtigste Neuerung ist »GEGL« (Generic Graphical Library, siehe *www.gegl.org*), deren Verwendung im Menü Farben mit dem Menüpunkt GEGL verwenden (Seite 103) erfolgt. Die Library erlaubt größere Farbtiefen, mehr Farbräume und nichtdestruktives Editieren der Grafiken. Sie ist bisher unvollständig implementiert. GEGL-Operation ... (Seite 115) öffnet einen Dialog zu den bisher verfügbaren Tools.

Wichtige Plugins

Fast alle für GIMP 2.4 (und viele für Version 2.2) geschriebenen Plugins lassen sich auch mit der aktuellen Version 2.6 nutzen. Tatsächlich hat diese Version eine Vielzahl der Plugins früherer Versionen bereits integriert.

Eine mehr als 100 Plugins umfassende – als FX-Foundry bezeichnete – Sammlung für die unterschiedlichsten Einsatzgebiete gibt es hier:

gimpfx-foundry.sourceforge.net/

Wie so oft sind *freshmeat.net* und *sourceforge.net* gute Anlaufpunkte für Erweiterungen zu GIMP, auch Brushes usw.

Folgende Plugins von *registry.gimp.org* ergänzen wichtige Features:

LayerEffects

– Knoten 186 – erzeugt Ebeneneffekte, wie sie von PhotoShop für Textebenen bekannt sind.

LayerGroups

– Knoten 16563 – etabliert ein Subsystem zur Verwaltung von Ebenen.

backup working

– Knoten 14246 – erzeugt Backups.

Import Kuler (ASE) palettes

– Knoten 10325 – importiert auf Kuler erstellte Farbpaletten mit zusammenpassenden Farben.

separate+

– Knoten 471 – ist *das* Plugin zu Farbseparation, hier gibt es die neueste Version: *cue.yellowmagic.info/softwares/separate.html*

fake HDR

– Knoten 12023 – erzeugt HDR-Bilder aus mehreren.

Exposure Blend

– Knoten 6708 – erzeugt HDR-Bilder aus bis zu drei Fotos.

HINWEIS

Das GIMP-Tool (`gimptool-2.0`) installiert die in Form von Quelltexten verfügbaren Plugins.

Optionen und Parameter beim Programmstart

Eine Reihe von Optionen und Parametern steuert das allgemeine Verhalten beim Start des Programms. Die Syntax lautet:

`$> gimp`-*Version Optionen Grafikdatei*

-*Version* Entspricht der Major-Versionsnummer (hier 2.6) und kann auf vielen Systemen entfallen, wenn dort die zuletzt installierte Version mit `gimp` als Link auf diese Datei vorhanden ist. Diese Optionen unterstützt GIMP beim Start von der Befehlszeile:

-? oder **--help**
> Bewirkt die Ausgabe einer Liste aller verfügbaren Optionen. `--help-all` zeigt alle Hilfeoptionen an; `--help-gtk` alle GTK+-Optionen.

-v bzw. **--version**
> Gibt die aktuelle Programmversion aus, `--license` zeigt Lizenzinformationen.

> Durch `--verbose` lassen sich detailliertere Informationen auf dem startenden Terminal ausgeben. Nützlich ist dies bei Fehlern, die beim Programmstart auftreten oder durch Plugins verursacht werden.

-n, --new-instance
> Startet ein neues Programm. Ohne diese Option bewirkt ein erneuter Programmaufruf von GIMP das Laden der angegebenen

Grafikdatei als neues Projekt in das laufende Programm, analog zum Menüpunkt **Neu ...** im **Datei**-Menü, Seite 59.

-a, --as-new
Bilder als neu (auch ins laufende Programm) laden.

-i, --no-interface
Startet GIMP, ohne die üblicherweise dargestellte Beenutzeroberfläche anzuzeigen. Nützlich, wenn der Aufruf von oder in Skripten erfolgt.

-d, --no-data
Verhindert, dass normalerweise bei Programmstart automatische Laden von Muster, Gradienten, Farbpaletten oder Pinsel, was die Startzeit minimiert. `-f, --no-fonts` unterbindet das (zeitraubende) Laden von Schriften.

-s, --no-splash
Unterdrückt das sonst angezeigte Startfenster.

--no-shm
Verhindert, dass GIMP mit den Modulen gemeinsamen Speicher verwendet (was aber normalerweise sinnvoll ist).

--no-cpu-accel
Deaktiviert Prozessorbeschleunigungen (selten sinnvoll).

--session=*Session*
Verwendet beim Start zur Konfiguration das angegebenene Sitzungsprofil Session.

--gimprc=*Konfigurationsdatei*
Verwendet die angegebene persönliche Konfigurationsdatei anstelle der voreingestellten `gimprc` im Verzeichnis `.gimp-2.`*Major-Version*.

--system-gimprc=*Konfigurationsdatei*
Erlaubt, die voreingestellte Systemkonfigurationsdatei durch die angegebene zu ersetzen. Systemkonfigurationsdateien liest GIMP vor den persönlichen Konfigurationsdateien ein, die die Voreinstellungen überschreiben können.

-b=*Script*, --batch=*Script*

Bewirkt, dass GIMP das angegebene Skript ausführt. Wird *Script* als »-« angegeben, liest GIMP vom Standardeingabekanal.

--batch-interpreter=*Proc*

Verwendet die Prozedur zum Abarbeiten von Skripten oder Befehlsfolgen.

--console-messages

Veranlasst GIMP, Warnungen auf dem Terminal (statt als Dialog) anzuzeigen.

--pdb-compat-mode=*Modus*

Schaltet den PDB-Kompatibilitätsmodus um, mögliche Werte sind off, on und warn.

--stack-trace-mode=*Modus*

Schaltet den Debuggermodus um, mögliche Werte sind never, query und always.

--debug-handlers

Aktiviert den eingebauten Debugger auch für nicht schwerwiegende Signale.

--g-fatal-warnings

Bewertet Warnungen als kritische Fehler und verhält sich entsprechend.

--dump-gimprc

Gibt die aktuell verwendete Konfigurationsdatei auf dem Terminal aus.

--display=*Display*

Öffnet GIMP auf dem angegebenen Display statt auf dem in einer Umgebungsvariablen voreingestellten.

Glossar

abdunkeln / aufhellen Die Helligkeit von ganzen Bildern oder Bereichen lässt sich so nachträglich korrigieren. Als Malwerkzeuge heißen diese Werkzeuge Abwedeln/Nachbelichten, Seite 57.

Bilder automatisch angleichen: Filter, Automatisch (Seite 103) enthält mehrere Funktionen, um die Helligkeit zu korrigieren.

Mittels **Kurven ...** (Seite 100) und **Werte** lassen sich manuelle Korrekturen sehr genau und in weitem Bereich vornehmen.

Bereiche angleichen: Das entsprechende Werkzeug (Seite 57) Abwedeln/Nachbelichten ist für manuelle Korrekturen vorgesehen.

Farbton / Sättigung ... (Seite 96) bietet auch eine Möglichkeit, die (HSV-)Helligkeit direkt zu modifizieren.

Oder mittels als Masken vorbereiteter Ebenen, die mit dem Originalbild durch spezielle Ebenenmodi verknüpft werden, kann die Helligkeit in ausgewählten Bereichen angepasst werden.

Ablagen zum Zwischenspeichern, Inhalte gehen beim Programmende verloren. Zwei Typen gibt es:

- die Zwischenablage: **Kopieren**, Seite 66, **Ausschneiden**, **Einfügen**

- benannte Ablagen, **Ablagen**, Seite 68, **In Ablage verschieben ...** (Seite 68) und **In Ablage kopieren ...** (Seite 68),

Alphakanal Ein spezieller (Ebenen-)Kanal, der die Transparenz bzw. Deckkraft der zugehörigen Ebene steuert: Hohe Werte (255) entsprechen einer vollständigen Transparenz.

- hinzufügen: **Alphakanal hinzufügen**, Seite 132

- entfernen: **Alphakanal entfernen**, Seite 132

- als Quelle für Auswahlen **Auswahl aus Alphakanal**, Seite 94

Alpha (Farbmodus) entspricht der Transparenz, vollständige Transparenz erscheint schwarz, völlige Deckkraft weiß.

Animationen erstellt GIMP mittels GAP (GIMP Animation Packages) durch Ebenen, die nach einer vorgewählten Zeit wechseln.

- Funktionen für Animationen enthält das Untermenü **Animation**, Seite 124

- **IWrap** (Seite 118) kann Animationen von Deformationen erzeugen.

Zeitangaben lassen sich für Animationen hinter die Ebenennamen in Klammern schreiben. Sie definieren die Verzögerung in **ms** (Millisekunden), nach der die nächste Ebene der Animation folgt. Zusätzlich kann ein Kombinationsmodus angegeben werden: (**replace**) ersetzt die Ebene, (**combine**) kombiniert sie. Hier sind Tutorials zu GAP: *www.gimp.org/tutorials/Using_GAP/* und *www.gimp.org/tutorials/Advanced_Animations/*

Antialiasing Kantenglättung, wichtig für Schriften und schräge Linien

- bei Auswahlwerkzeugen: **Kanten glätten**

- im Textwerkzeug, Seite 43, durch Hinting

- bei Transparenz in indizierten Bildern mit Antialiasing: **Semi-Abflachen ...**, Seite 94

- verlieren: **Schwellwert ...**, Seite 99

- **Kantenglättung** (Seite 117) erzeugt diese in Bildern nachträglich.

Ausgabeauflösung siehe Bildauflösung

Ausgabedateien speichern durch GIMP bearbeitete Dateien, also Bilder (Formate siehe Dateiformate), Animationen (siehe oben), Pfade (siehe SVG), Pinsel (Seite 47), Muster (Seite 146) usw.

- Komprimieren erzeugt automatisch gepackte Ausgabedateien; dies ist möglich im Menü **Datei** unter **Speichern** und **Speichern unter ...**, siehe Seite 63, mit zusätzlicher Extension **.gz** oder **.bz2**.

ausschneiden von Bildteilen: siehe Zuschneiden

Ausschneiden in die Zwischenablage: **Ausschneiden** (Seite 66) –

Taste [*Ctrl*][*x*] – kopiert ausgeschnittenes Material in die Zwischenablage, löscht es dabei aus dem Bild.

Auswahl (siehe Abschnitt Seite 74), mit Auswahlwerkzeugen bearbeiten (Seite 78) Modus:

- erzeugen: mit Auswahlwerkzeugen oder aus Alphakanal, **Auswahl aus Alphakanal**, Seite 94

- ergänzen/hinzufügen (ändern): mit [⇧]-Taste im Auswahlwerkzeug

- abziehen: mit [*Ctrl*]-Taste im Auswahlwerkzeug

- Schnittmenge: mit [⇧][*Ctrl*]-Tasten im Auswahlwerkzeug, sinnvoll, um den ausgewählten Bereich durch eine zweite Auswahl zu begrenzen

- invertieren: **Invertieren** (Seite 103), [*Ctrl*][*i*]

- Schnellmaske, für komplizierte Auswahlen, Seite 80

- verschieben mit »Verschieben«-Werkzeug, Seite 34

- speichern: (in Kanal) **In Kanal speichern**, Seite 81, erhält unscharfe Auswahl

  Nach Pfad, Seite 81, speichert die Auswahl als Linie entlang der 50 %-Auswahlkante, also nur scharfe Auswahl

- deformieren: **Verzerren …** (Seite 79)

- nach Pfad: **Nach Pfad**, Seite 81, keine unscharfe Auswahl, Speichern/Laden in/von externen Dateien als SVG

- Umriss [der Auswahl] nachzeichnen, Seite 75

- unscharf: mit Button **Kanten ausblenden** im Auswahlwerkzeug, mit Menüpunkt **Ausblenden …** (Seite 78)

- verschieben mit der Maus und der [1Alt]-Taste

- Auswahleditor, Seite 75

Auswahlwerkzeuge (Seite 114) stellen alle Auswahlwerkzeuge vom Werkzeugkasten zur Verfügung.

Auswahlen werden natürlich auch zum Kopieren, Löschen, Einfügen, verschieben usw. verwendet.

Ausrichten mit dem Werkzeug von Seite 35 oder durch Verschieben (Seite 34) oder **Sichtbare Ebenen ausrichten ...**, Seite 89

GFig: Seite 123, zum Ausrichten von Vektorgrafikelementen

Batchprozessor *members.ozemail.com.au/ hodsond/dbp.html*

Bearbeitung von unterschiedlichten Medien und Strukturen:

- von Auswahlen: Auswahlen lassen sich mit den Auswahl-werkzeugen und den Auswahlmodi bearbeiten

- von Animationen: siehe Animation

- von Digitalfotos: **Verbessern** (Seite 117), **Automatisch** (Seite 103)

- von Ebenen: siehe Ebenen

- von Farben: siehe Menü **Farben** und Seite 96

- von Pfaden: siehe Pfad, Seite 136

Bildergröße (Bildauflösung) hängt von der Auflösung ab, siehe Druckgröße (Seite 88); Skalieren (Seite 38) oder Zuschneiden (Seite 35) erlauben Anpassungen.

Bilder kopieren/verschmelzen/zusammenbringen Aus mehreren Bildern ein neues erzeugen:

Kollagen: Manuell lassen sie sich in mehreren Ebenen herstellen, wobei deren Deckkraft durchaus unterschiedlich sein kann. Die Ebenen enthalten freigestellte Bildteile, der Rest ist transparent; Bilder als Film: Filter **Filmstreifen ...** (Seite 121).

Bleistiftzeichnung entstehen, wenn die Kontraste so gewählt sind, dass nur noch Kanten erhalten bleiben. Vorschlag: Nach Vorbereitungen bearbeitet **Kanten ...** (Seite 120) aus dem Untermenü **Kanten finden** das Bild, was oft ein sehr dunkles Bild erzeugt; anschließend **Invertieren** (Seite 103) aus **Farben**, erzeugt dunkle Striche auf hellem Hintergrund.

Bumpmap geprägtes Bild (»Beulenkarte«), Seite 122, erzeugt 3-D-Effekte, beispielsweise auch reliefartige Darstellungen. Die Textur einer Ebene (die Bump-Map) – oft eine Textebene –, wird dabei auf eine zweite (Ziel- oder Arbeitsebene) abgebildet. *www.3dconcept.ch/artikel/bump/index.html* erklärt das Prinzip. Falls die horizontalen oder vertikalen Versätze nicht ausreichen, sollte als Zielebene nur ein Ausschnitt verwendet werden, der anschließend über das eigentliche Ziel montiert wird. Dieser Ansatz hat weiterhin den Vorteil, dass schnell mehrere Varianten verglichen werden können.

CMY(K) Aufteilung in die Farben Cyan, Magenta und Gelb (Yellow), CMYK wie CMY mit zusätzlichem Kanal für Schwarz, oft verwendeter Farbraum für den Druck.

CMS: Color Management System Diese nutzen ICC-Profile, um die Ausgaben unterschiedlicher Geräte möglichst ähnlich zu gestalten. Wikipedia (auch die englische) hat viele Beiträge zu diesen Themen.

Dateiformate GIMP unterstützt alle wichtigen Dateiformate, teilweise durch Plugins. Ihre Features unterscheiden sich oft erheblich:

- GIF: Graphics Interchange Format, verlustfreier Komprimierung für Bilder mit geringer Farbtiefe (bis zu 256 verschiedene Farben pro Bild); unterstützt Animationen (Seite 124) und Transparenz; **Optimieren (für GIF)** (Seite 124 optimiert die Ausgabe.

- JPEG: Joint Photographic Experts Group, verlustbehaftete Komprimierung, keine Transparenz

- PNG: Portable Network Graphics, unterstützt Graustufen und RGB-Farben, verlustfreie Komprimierung, indizierte Farben, unterstützt Transparenz, kein Animationen, meistens besser als JPEG

- TIFF: Tagged Image File Format, für Farbseparation (Druckvorstufe), unterstützt verlustfreie Komprimierung

- XCF: GIMPs Bildformat, das Ebenen, Pfade oder Transparenz ohne Verlust speichert, komprimierte Variante: `.xcf.bz2`

Deckkraft steuert die Transparenz von Ebenen (und damit diverse Effekte), Regler im Ebenendock (Seite 131)

Deformationen Verzerren: Scheren (Seite 39), Perspektive (Seite 40), Untermenü **Verzerren** unter **Filter**, Seite 118, z. B. **Drehen und Drücken ...** oder IWrap (Seite 118), **Verbiegen ...** (Seite 119); Auswahl deformieren: **Verzerren ...** (Seite 79)

Dock Spezielles Sammelfenster (Seite 10, Seite 130), in dem GIMP kleine Werkzeugfenster zusammenfasst

Drehen um Vielfache von 90° (verlustfrei): **Bild, Transformation**, Seite 87
um beliebige Winkel: Werkzeug Drehen, Seite 37

Drittelregel (Seite 25); in Auswahlen: Seite 23; beim Zuschneiden: **Drittelregel**, Seite 35
als Gitter-Ebene implementiert durch das Plugin aus der FX-Foundry: `goode-rule-of-thirds-grid.scm`

Druckgröße **Druckgröße** ... (Seite 88) stellt die Bildgröße abhängig von der Auflösung ein

dunkelste Bereiche werden bei GIMP oft als »Schatten« bezeichnet; finden: Im Werkzeug »Schwellwert« (🖾, Seite 99) wird die obere Schwelle so lange erniedrigt, bis erste Bereiche schwarz erscheinen.

Durchpausen ist manuell möglich nach Anlegen einer neuen, transparenten Ebene und der Anwendung diverser Malwerkzeuge.

dynamische Tastenkombinationen erlauben, für den momentan unter dem Mauszeiger befindlichen Menüpunkt eine Tastenkombination einzustellen; lässt sich im Menü **Bearbeiten** unter **Einstellungen** im Bereich **Oberfläche** aktivieren, Seite 71

Ebenen sind durchsichtige Zeichenflächen, ähnlich Folien, Seite 91, sie dienen im Wesentlichen der Strukturierung der Elemente (Verwaltung zusammengehörender oder -gefasster) und erlauben, Sicherheitskopien bestimmter Bereiche anzulegen.
- neu/erstellen: **Neue Ebene** ... erzeugt eine neue Ebene, siehe Seite 91
- ein- und ausblenden, anzeigen siehe sichtbare Ebenen
- verankern: **Ebene verankern** verankert eine schwebende Auswahl mit der aktuellen Ebene, Seite 132
- Ebene mit Muster füllen: 1. Ebene auswählen, 2. **Alles auswählen**, 3. **Mit Muster füllen** (Seite 69)
- Größe ändern mittels Zuschneiden (Modus Ebene, verlustfrei) oder im Ebenenmenü durch **Ebenengröße** (Seite 95, mit Interpolation)
- umschalten: im Ebenendialog, Seite 131

- Ebenendialog/-dock, Seite 131, dient der Ebenenverwaltung
- Ebeneneffekte für GIMP: *registry.gimp.org/node/186*
- Ebenenmodi: verknüpfen/überlagern unmittelbar übereinanderliegende Ebenen, Seite 133
- Ebenenmaske ist eine (transparente) Maske, die GIMP über der aktuellen anbringt (wie eine Schnellmaske) und auf die sich nachfolgende Bearbeitungen beziehen, Seite 92
- Ebenenname anklicken und verändern, oder über Ebeneneigenschaften: Seite 132
- sichtbare Ebenen markiert im Ebenendialog/-dock 👁
- verknüpfte Ebenen kennzeichnet dort 🔗
- Ebene separieren, bearbeiten: aktuelle Ebene aus Ebenendialog in Werkzeugkasten ziehen
- Ebene skalieren: Werkzeug Skalieren (Seite 38)

  auf Leinwand-/Bildgröße: Ebene auf Bildgröße (Seite 95) setzt Größe auf Bildgröße (ohne den Inhalt zu verschieben/skalieren)

Um alle sichtbaren Ebenen eines Bildes gleichzeitig zu bearbeiten, haben die Werkzeuge eine mit »Vereinigung prüfen« bezeichnete Option.

Ebenen lassen sich aus anderen geöffneten Bildern mittels Drag&Drop in das aktuelle ziehen (kopieren).

einfache geometrische Objekte erstellen mittels Auswahlen oder Pfaden, eventuell durch Füllen oder mit Farbverläufen füllen oder (besser) mit GFig, siehe `gimp-using-simpleobjects.html`.

Falschfarben Farbveränderung durch Filter

Alien-Map ..., Seite 106, Farben drehen ..., Seite 107, Maximales RGB ..., Seite 112, Predator ..., Seite 121, Normalmap ..., Seite 122

Viele Ebenenmodi erzeugen Farbveränderungen: Seite 133, wie auch das Deaktivieren/Dimmen der Farbkanäle: Kanaleigenschaften, Seite 135

Farbauswahl im Werkzeugkasten mittels Farbpipette, Seite 32, oder im Farbendock (Seite 138)

Farbabgleich Farbbalance ändern mit **Farbabgleich** ..., Seite 96

Farbeimer füllt die aktuelle Auswahl oder Ebene mit einer Farbe oder einem Muster, Seite 44

Farbkurven, Farbwerte (Seite 100) dienen der Farbkorrektur in den Farbkanälen

Farbwerte anpassen **Helligkeit / Kontrast** ..., Seite 98

Farbmodus, Farbmodell sind unterschiedliche Beschreibungen von Farben. GIMP unterstützt in verschiedenen Funktionen unterschiedliche Modelle, immer RGB (das intern verwendete Farbmodell), oft nur noch HSV (oder HSL). Weitere wichtige Farbmodelle sind CMYK, LAB, YCbCr*.
Farbbilder zerlegen Zerlegen ... (Seite 105) wandelt ein Farbbild so um, dass die Komponenten der Farbmodelle in Ebenen (zur weiteren Bearbeitung) vorliegen.

Farbpaletten (Seite 141) sind indizierte Farbtabellen; sie lassen sich automatisch erstellen, verändern, ergänzen usw. Für GIF und ähnliche Formate.

Farbseparation mittels Plugin **Separate**, Seite 90, oder durch **Zerlegen** ... (Seite 105) wandelt das Bild in mehrere Bilder oder Ebenen um, abhängig vom gewählten Farbmodell.

Farbstich korrigieren mit **Werte** ... (Seite 99) und **Kurven** ... (Seite 100)

Farbveränderung siehe Falschfarben, beispielsweise durch **Farben vertauschen** (Seite 115)

Farbverlauf im Werkzeugkasten: Seite 46, anlegen, verändern mit dem Farbverlaufseditor (Seite 139), siehe auch Farbverlauffenster, Seite 139

Filter werden bei GIMP in Form von Plugins (hauptsächlich im Menü **Filter**) realisiert. Einige Filter stehen in den allgemeinen Menüs (z. B. unter **Farbe**).

FX-Foundry *gimpfx-foundry.sourceforge.net/* enthält mehr als 100 Plugins für die aktuelle GIMP-Version.

Fraktale **Fraktal-Explorer** ... (Seite 123), **IFS-Fraktal** ... (Seite 123), **Fraktalspur** ... (Seite 122), beispielsweise für natürlich aussehende Wolken
Auswahl fraktal verzerren: **Verzerren** ..., Seite 79

Freistellen »Freistellen« bezeichnet das Herauslösen von Bildelementen (durch »Auswählen«) aus Bildern, beispielsweise mit dem Vordergrundwerkzeug oder Lasso. Der Werkzeugkasten und das Menü **Auswahl** enthalten alle Auswahlwerkzeuge. Ausgewähltes Material lässt sich **Bearbeiten, Ausschneiden** ([*Ctrl*][*x*]) oder **Kopieren** ([*Ctrl*][*c*]) und in ein neues Bild oder eine neue Ebene **Einfügen** ([*Ctrl*][*v*]).

Freihandzeichnungen ermöglicht GFig oder die Freihandauswahl (Seite 24). Siehe auch Auswahl: Umriss nachzeichnen.

Gamma Mittlere Helligkeiten korrigieren mit: **Werte ...**, Seite 99, **Kurven ...**, Seite 100; Erhöhen macht Bilder heller, »weicher« und kontrastärmer.

GAP GIMP Animation Package, siehe Animationen; Tutorials unter *http://gimp-werkstatt.de/tutorien-animationen.php*

GEGL Aus dem Handbuch: *GEGL (Generische Graphikbibliothek) ist ein auf Graphen basierender Rahmen für Bildbearbeitung, der in GIMP 3.0 Verwendung finden wird. Bei GEGL wird die interne Bildbearbeitung mit 32-Bit-Gleitkommazahlen im scRGB-Farbraum durchgeführt. Der alte 8-Bit-Code wird standardmäßig weiterhin verwendet, aber ein interessierter Nutzer kann bereits GEGL für Farboperationen aktivieren.*

GIMPshop / GIMPhoto GIMPshop ist eine (veraltete) GIMP-Variante, deren Aussehen und Bedienbarkeit sich stark an PhotoShop anlehnt: *GIMPshop.com/* und *plasticbugs.com/*
Da die Entwicklung derzeit stagniert, bietet das weniger bekannte GIMPhoto (*www.gimphoto.com* für Linux, Windows usw.) eine Alternative.

GFig (Seite 123) ist ein Vektorzeichenprogramm in Form eines GIMP-Plugins. Es erzeugt automatisch die Ebene GFig. Es unterstützt derzeit Linien, Kreise, Ellipsen, Bögen aus drei Punkten, regelmäßige Polygone, Sterne, Spiralen, Bézierkurven. Objekte lassen sich **Verschieben, Kopieren, Löschen, Auswählen, Ausrichten** und **Füllen**.

Glanzlichter bezeichnen besonders helle Bereiche in Bildern, viele Tools erlauben sie besonders zu berücksichtigen (meistens mit dem Button **Glanzlichter**), Anwendung in:

Filterpaket ... (Seite 111), **Werte ...** (Seite 99), **Farbabgleich ...** (Seite 96), Werkzeug Abwedeln/Nachbelichten (Seite 57)

Gold / Silber, Effektfarben   Einige spezielle »Effektfarben« wie beispielsweise Gold lassen sich nicht als RGB-Farben darstellen, sondern durch Farbverläufe simulieren. Um mit diesen zu färben, dient **Auf Farbverlauf**, Seite 107.

Goldener Schnitt   entspricht diesem Verhältnis: $(1 : \frac{1+\sqrt{5}}{2} \sim 1.6180)$, siehe auch Drittelregel.

GPS   GIMP Paint Studio: eine Sammlung von Pinseln, Voreinstellungen und anderem zum Ausbau von GIMPs Zeichenfähigkeiten: *code.google.com/p/gps-gimp-paint-studio*

in Graustufen umwandeln   Es gibt mehrere Möglichkeiten, die unterschiedliche Ergebnisse liefern:

- Den Bildmodus von RGB nach Graustufen ändern: **Modus**, Seite 86

- **Entsättigen** (Seite 102) oder **Kanalmixer ...** (Seite 104) wandeln Farbbilder anhand von Leuchtkraft, Helligkeit oder Durchschnitt in Graustufenbilder um. **Farbton / Sättigung ...** wirkt analog, **Werte ...** (Seite 99) und **Kurven ...** (Seite 100) erlauben durch sehr weitgehende Steuerungen ein exaktes Anpassen der Effekte.

- Alternativ lassen sich für spezielle Anwendungen die einzelnen Farbkanäle als Graustufenbilder verwenden.
Ein Tutorial erklärt dies: *www.gimp.org/tutorials/Color2BW/*

große Bilder   verkleinern: entweder einen Bereich auswählen und das Bild entsprechend Zuschneiden (Seite 35), es mittels Guillotine (Seite 87) oder **Zerteilen ...** (Seite 124) in Teile zerlegen, oder es Skalieren (Seite 38)

Halbtonbilder   zeigen ineinander verlaufende Farben in jeder möglichen Tonabstufung, also vom tiefsten Schwarz zum hellsten Grau, vom hellsten Farbton zum dunkelsten. Fotografien sind im Regelfall Halbtonabbildungen.

Halbtransparenz   haben Alphawerte zwischen 1 und 254 (nicht bei gif), GIMP bezeichnet dies oft als »weich« oder »unscharf«, beispielsweise bei der Auswahl.

(Haut-) oder Schmuckfarben verwenden: Am einfachsten werden sie durch Kopieren mit der Farbpipette (Seite 32) als Vordergrundfarbe aktiviert und dann beispielsweise mittels Füllen angewendet.

HDR High Dynamic Range: Bilder mit großem Blendenumfang, mehr als heutige Digitalkameras liefern. Sie werden aus mehreren Bildern mit unterschiedlicher Belichtungszeit kombiniert. *www.instructables.com/id/HDR-photos-with-the-GIMP/* Das Plugin »Exposure Blend« (Seite 152) erzeugt HDR-Bilder aus drei Fotos.

hellste Bereiche bezeichnet GIMP oft als Glanzlichter, sie lassen sich in vielen Werkzeugen separat beeinflussen: **Filterpaket ...** (Seite 111), **Werte ...** (Seite 99), **Farbabgleich ...** (Seite 96), Werkzeug Abwedeln/Nachbelichten (Seite 57) **finden**: Im Werkzeug »Schwellwert« (, Seite 99) wird die untere Schwelle so lange erhöht, bis Bereiche schwarz erscheinen.

Hilfe/Handbuch Die jeweils neueste Version findet sich hier (zunächst auf Englisch): *docs.gimp.org/2.6/en/*

Hilfslinien erscheinen durch Anklicken des Lineals, zusammen mit [*Ctrl*] lassen sich Prüfpunkte erzeugen, siehe auch Raster. **Hilfslinien anzeigen**, Seite 84, aktiviert die Darstellung. Magnetische Hilfslinien (**Magnetische Hilfslinien**, Seite 84) erleichtern die Ausrichtung an den Linien.

Hintergründe, automatisch erstellen: Filter **Plasma ...** (Seite 123) oder **Plastisches Rauschen ...** (Seite 123) generieren zufällige farbige Hintergründe, die sich bei Bedarf in Graustufenbilder umwandeln lassen.

Hintergrundfarbe erscheint beim Radieren nichttransparenter Bilder, löscht Auswahlen bei der Vordergrundauswahl (Seite 29)
- einstellen: Seite 18
- zum Füllen: Seite 44
- in der Schnellmaske: Konfiguration über das Kontextmenü

HSB siehe HSV, statt Value wird hier Brightness verwendet.

HSV (Farbraum) definiert Farben mit Hue (Farbton), Saturation (Sättigung), Value (Helligkeit), was der menschlichen Wahrnehmung besser als RGB entspricht. Dabei entstehen drei Kanäle für Farbtöne (0 bis 255), Sättigung (schwarz = 0, weiß = 255) und Helligkeit (Grauwerte: schwarz = 0, weiß = 255).

HSL wie HSV, wobei L = Lightness (die relative Helligkeit) den Grauwert ersetzt.

Hotkeys, Shortcuts siehe Tastenbelegungen einstellen und dynamische Tastenkombinationen

indizierte Farben Indiziert ..., Seite 86; verändern: **Farbtabelle setzen ... Farbtabelle umsortieren ...**, Seite 106

(Wikipedia:) Bei indizierten Farben enthält die Datenstruktur jedes Pixels nicht direkt die einzelnen Farbwerte, sondern nur einen Index auf einen Eintrag einer sogenannten Farbtabelle oder Farbpalette, die die im Bild verwendeten Farben auflistet. Ein Pixel speichert hierbei – anstelle des Farbwerts – die Nummer des Tabelleneintrags, die diesen Farbwert enthält. Bilder, die nur wenige unterschiedliche Farben enthalten, sparen durch die geringe Größe des Farbindex Speicherplatz ein. Insbesondere einfache Grafiken oder Diagramme lassen sich so platzsparend speichern. Indizierte Farben finden sowohl bei diversen Grafikformaten als auch bei alten Grafikstandards, etwa EGA und VGA, Verwendung.

kacheln bezeichnet das wiederholte Ausgeben einer Bitmap, um einen Bereich auszufüllen, siehe Menü **Mit Muster füllen** (Seite 69), normalerweise sind dafür nahtlose Muster (**Nahtlos machen**, Seite 122) erforderlich. Alternative: Klonen (Seite 51).

Kanäle sind einfarbige Ebenen, deren »Helligkeit« oder »Deckkraft« die Stärke der abgebildeten Farbe (oder Maske) definiert. RGB-Bilder verfügen über mindestens drei (Farb-)Kanäle, Transparenz (Deckkraft) verwaltet GIMP ebenso als Kanal, wie auch (weiche) Auswahlen.

Kantenglättung (Antialiasing), für schräge Linien, besonders bei Fonts. In Textwerkzeug (Seite 43): Hinting.

Klonen und Kopieren mit dem Klonwerkzeug, Seite 51, unterstützt verschiedene Modi und Ausrichtungen.

Kontrast korrigieren, einstellen: **Werte ...** (Seite 99), **Kurven ...** (Seite 100) **Helligkeit / Kontrast ...** (Seite 98), **Schwellwert ...** (Seite 99), **Kontrastspreizung** (Seite 103), **HSV strecken** (Seite 104), **Normalisierung** (Seite 104)

L*a*b (LAB)-Farbmodell entspricht etwa der menschlichen Wahrnehmung, ist geräteunabhängig, umfasst mehr Farben als RGB, HSV oder CMYK. Wird bei der Vordergrundauswahl (Seite 29) verwendet; ansonsten unterstützt GIMP es derzeit nur durch **Zerlegen ...**, Seite 105.

Leinwand Synonym für Bildhintergrund bzw. Bildgröße; **Ebene auf Bildgröße** (Seite 95), **Leinwandgröße** (Seite 87), **Leinwand an Ebenen anpassen** (Seite 87), **Sichtbare Ebenen ausrichten ...** (Seite 89)
Leinwand-Textur Leinwand ... (Seite 121) überlagert das Bild mit einer Leinwand-Textur.

Lineale links und oben am Bildfenster, Einheiten werden in der Statuszeile unten links eingestellt. Im Bild lassen sich Hilfslinien einblenden.

Logos automatisch durch Plugins: entweder direkt **Logos**, Seite 61, oder durch **Alpha als Logo**, Seite 124
Freie Gestaltung: *www.gimp.org/tutorials/3d_Logo*

Löschen von Bereichen im Bild: 1. Auswählen, dann Löschen (**Bearbeiten**, **Löschen**, Taste [*DEL*]) oder **Ausschneiden** (kopiert Bereich in Zwischenablage).
Der Radierer (Seite 48) gehört zu den Malwerkzeugen und löscht die »bemalten« Bereiche, erzeugt Transparenz oder die Hintergrundfarbe.

Masken kennt GIMP zweierlei: Die Schnellmaske (Seite 80, Auswahlwerkzeug) und Ebenenmasken; sie funktionieren ähnlich. Mit Malwerkzeugen wird eine Schablone – die Maske – erstellt, die anschließend auf die (unterliegende) Ebene angewendet wird.

Malen, Malwerkzeuge im Werkzeugkasten, Übersicht: Seite 42.
Malwerkzeuge tragen Bitmaps auf Ebenen auf, dabei können die gleichen Verfahren wie bei den Ebenenmodi (Seite 133) für Effekte berücksichtigt werden. Einige Malwerkzeuge haben Funktionen, um den Auftrag systematisch zu verändern. Zum einen ist das durch die sogenannte »Pinseldynamik« möglich, zum anderen mittels **Verblassen** entlang des Arbeitspfades.
Mittels Malwerkzeugen aufgetragene Bitmaps lassen sich anschließend durch **Verblassen**, Seite 65, korrigieren.

Median (oder Zentralwert) halbiert eine Verteilung, was für den Durchschnitt nicht sichergestellt ist; wird im Histogramm, Seite 110, und im Filter Flecken entfernen ..., Seite 117, verwendet.

menurc ist eine von GIMPs Konfigurationsdateien, sie enthält Menüs und Tastenbindungen; *epierce.freeshell.org/gimp/ps-menurc* definiert PhotoShop-entsprechende Tastenbindungen.

Muster (Muster, Seite 123 und 146) sind Bitmaps, die GIMP mittels der Malwerkzeuge Füllen (Seite 44) oder Klonen (Seite 51) und beim Nachzeichnen sowie durch Mit Muster füllen (Seite 69) einsetzt.
Erzeugen: 1. in Zwischenablage mit Sichtbares kopieren (Seite 68), 2. Neues Muster ... (Seite 67)
Musterrand kachelbar: Kachelbarer Weichzeichner (Seite 116) oder nahtlos machen (Nahtlos machen, Seite 122)

Out-of-border/bond Bildelemente scheinen aus dem Bild(rahmen) zu treten:
1. geeigneten Ausschnitt wählen, 2. transparente Ebene einfügen, 3. mit Rahmenfarbe/Muster füllen, 4. Rahmen erzeugen: Auswahl verkleinern, Inhalt entfernen, 5. Perspektive auf den Rahmen anwenden, 6. Überflüssiges im Rahmen löschen, beispielsweise radieren, 7. Hintergrund bearbeiten, eventuell Motiv freistellen

Parasiten sind intern genutzte Zusatzinformationen von Ebenen

Panoramabilder lassen sich durch zusätzliche Plugins erzeugen: *stitchpanorama.sourceforge.net* oder alternativ *www.shallowsky.com/software/pandora*

Perspektive ist eine Werkzeug, Seite 40, zum Verzerren; eine Variante ist das perspektivische Klonen (Seite 54), Alternative: Scheren (Seite 39) und Drehen (Seite 37)

Pfade (Seite 136) sind Linien mit Anfangs- und Endpunkt und haben dadurch eine Richtung. Sie lassen sich nachziehen bzw. nachzeichnen, Malwerkzeuge berücksichtigen die Richtung mittels Pfad nachziehen ..., Seite 69, oder in Auswahlen umwandeln, wobei sie keine weiche Auswahlen zulassen. Umgekehrt können Auswahlen in Pfade (ohne Richtung) umgewandelt werden, entlang der 50 %-Auswahllinie.

Neben dem Pfadwerkzeug (Seite 30) verwaltet das Pfaddock (Seite 136) diese. Pfad schließen: [*Ctrl*]+Mausklick an Anfangspunkt schließt den Pfad.

Der Mauszeiger kennzeichnet den Modus: »+« Mausklick fügt neue (Kontroll-)Punkte hinzu. » « fügt neue Pfadkomponenten hinzu. [⇑] aktiviert diesen Modus.

PhotoShop mit der Variante GIMPshop (*freshmeat.net/projects/gimpshop*) versuchen die Entwickler, die Oberfläche von GIMP mehr der des »Vorbilds« PhotoShop anzugleichen, ohne die Features von GIMP allzu sehr einzuschränken.

Ebeneneffekte mit GIMP: *www.home.unix-ag.org/simon/gimp/ linuxtag2002/nette-effekte/index.html*

Plugin: *registry.gimp.org/node/186*

PhotoShop-Plugins verwenden: siehe Plugins

Pinsel Seite 47, Seite 143

- Typen: normale (Bitmaps) oder animierte (»Bilderschlauch«
- Erzeugen: **Neuer Pinsel**, Seite 144, editieren durch GIMP – als Bilder
- Bearbeiten: Im Pinseldock-Kontextmenü als Bild laden und modifizieren

Quellen für Pinsel: *libella.gimp-kleckser.de/*
browse.deviantart.com/resources/applications/gimpbrushes/
www.pokemonexperte.de/artikel/fanwork
www.gimp-werkstatt.de/pinsel.php
code.google.com/p/gps-gimp-paint-studio
www.blendfu.com
gimpstuff.org
www.graphics-muse.com/gfxmuse/gfxmuse.html
Tutorial: *www.graphics-muse.com/cgi/gmcat.pl?id=11*

Plugins heißen GIMPs Erweiterungen, sie sind als Script-Fu oder Python-Fu-Skripten oder durch externe Programme realisiert.

- **Plugin-Browser**, Seite 128: alle vorhandenen Plugins
- **Prozeduren-Browser**, Seite 129: verfügbare Prozeduren

Wichtige Quellen für Plugins:

- *registry.gimp.org* bietet sehr unterschiedliche Plugins für alle GIMP-Versionen.

- *gimpfx-foundry.sourceforge.net/* (Script-Fu-Files, werden installiert unter ~/.gimp-2.6/scripts/)

Es gibt sogar die Möglichkeit, für PhotoShop entwickelte Plugins mit GIMP zu verwenden, siehe *www.gimp.org/~tml/gimp/win32/pspi.html*.

Achtung: Plugins sind ausführbare Programme (gilt nicht für GIMP-Skripten) und daher potenzielle Schadsoftware. Achtung: *Nur Plugins aus vertrauenswürdigen Quellen installieren!* In Form von Quelltexten verfügbare Plugins übersetzt und installiert `gimptool-2.0 --install quelltext.c`.

Pixel Bildpunkte, die GIMP manipuliert. Beim Ansichtsmodus 1:1 (Seite 82) wird jedes Bildpixel durch ein Bildschirmpixel dargestellt, siehe »Punkt für Punkt«.

pixelgenaues Arbeiten ermöglichen die Cursortasten:

- Zuschneiden mit den Cursortasten in den Ecken
- Auswahlen verschieben: Werkzeug Verschieben, Seite 34
- Pfadkomponenten bewegen: auf Kontrollpunkten oder Pfadsegmenten
- Einfügen, Drehen, Skalieren usw. funktionieren analog.

Punkt für Punkt bedeutet: Jedes Grafikpixel wird durch genau ein Bildschirmpixel dargestellt (Zoomfaktor »1«).

Prüfpunkte lassen sich zusammen mit [Ctrl] aus den Linealen »ziehen« und im Bildfenster platzieren, siehe auch Seite 84, Seite 127.

Quadrat als Auswahl: Rechteckige Auswahl, nach Setzen des Referenzpunktes mit [⇑] (entspricht: Fest) die Größe einstellen. GFig erzeugt diese und andere regelmäßige Vielecke ebenfalls.

Qualitätsverlust entsteht bei Transformationen durch die dabei erforderliche Interpolation (Translationswerkzeuge arbeiten verlustfrei). Auch das Speichern in bestimmten Formaten (insbesondere JPG) führt zu Qualitätsverlust.

Radieren entfernt Teile des Bildes, siehe Seite 48 (Malwerkzeug); bei Ebenen ohne Alphakanal erscheint die Hintergrundfarbe, bei Ebenen mit Alphakanal Transparenz.

Rahmen/Ränder durch Nachziehen von Auswahlen oder Pfaden

bei Auswahlen: **Rand ...** (Seite 78) und **Verzerren ...** (Seite 79) modifizieren die Ränder der aktuellen Auswahl, eventuell nach dem Invertieren der Auswahl.

mit der Schnellmaske: *www.gimp.org/tutorials/Quickmask/*

anpassen für Kacheln: **Nahtlos machen** (Seite 122), siehe **Kacheln ...** und **Kleine Kacheln ...**, Seite 122

Schmuckrand, hinzufügen: Lässt sich durch diverse Plugins (**Filter, Dekoration**, Seite 121) realisieren, z. B. **Neon ...** (Seite 120), **diana-holga2b** (Seite 121), **Rand abschrägen ...** (Seite 122), **Rand ausblenden ...** (Seite 122) lässt das Bild am Rand unregelmäßig verblassen. **Rand hinzufügen ...** (Seite 122) vergrößert das Bild um einen einfachen, einfarbigen allseitigen Rand (Rahmen). **Runde Ecken ...** (Seite 122) wirkt nur bei Bildern aus einer Ebene und ohne Alphakanal, zusätzlich lässt sich ein Schlagschatten simulieren.

Filmstreifen ... (Seite 121) simuliert einem (Positiv-)Film, **Dia ...** (Seite 122) legt einen Diarahmen um das Bild.

Add Border (strike) ... (Seite 125) erzeugt Rand um Text.

entfernen: **Automatisch zuschneiden** (Seite 89) löscht automatisch einfarbige Ränder; **Ebene automatisch zuschneiden** (Seite 95) wirkt nur auf die aktuelle Ebene

Raster aus Hilfslinien (siehe dort) einrichten (Seite 84, 90), anzeigen/ausblenden (Seite 84).

magnetisch: **Magnetisches Raster**, Seite 84

Raster im Bild darstellen: **Gitter ...**, Seite 123

RGB (Farbraum, Farbmodell) repräsentiert Farben als Tripel (8-Bit) der Farbintensitäten in Rot/Grün/Blau. Nicht alle Farben lassen sich so darstellen, beispielsweise Schmuckfarben wie Gold, Silber usw. fehlen. GIMP verwendet bisher dieses Farbmodell intern, bietet aber oft auch andere Farbmodelle an und unterstützt durch **Zerlegen ...** (Menü **Farben**, Seite 105) die Umwandlung.

RGBA entspricht RGB mit Transparenz (zusätzlicher Alphakanal).

Rotation siehe Drehen

Rückgängigmachen siehe **Undo** Seite 65; **Redo** hebt **Undo** wieder auf.

Scannen unterstützt GIMP mit den Menüpunkten **Quitelnsane** (Seite 60), **XSane** (Seite 60) und **xscanimage** (Seite 60), alle unter **Datei, Erstellen**. Vertikale beim Scannen entstandene Streifen versucht **Streifen entfernen ...** (Seite 118) zu entfernen.

Schatten heißen dunkle Bereiche im Bild, das Werkzeug Abwedeln/ Nachbelichten, Seite 57, sowie **Farbabgleich ...**, Seite 96, **Filterpaket** ..., Seite 111, berücksichtigen sie separat.
korrigieren: **Werte ...**, Seite 99, **Kurven ...**, Seite 100
Untermenü **Licht und Schatten**, Seite 119, umfasst eine Reihe von Effektfiltern.
Schlagschatten lassen sich einfach mit dem gleichnamigen Filter **Schlagschatten ...** (Seite 120) für die aktuelle Auswahl hinzufügen.
Text mit Schatten: **Bevel and Emboss ...**, Seite 125, sowie viele der Logos.

Schärfen Menü: Seite 118, Werkzeug: Seite 55 für ausgewählte Bildbereiche. Normalerweise sollte das Schärfen nur im (HSV-) Helligkeitskanal oder einem der Farbkanäle erfolgen.

Ein Tutorial für besonders effektives Schärfen (im Helligkeitskanal) gibt es hier: *www.gimp.org/tutorials/Smart_Sharpening/* oder hier: *www.ebv4linux.de/modules.php?name=Content&pa =showpage&pid=24*

Schnellmaske Effektives Werkzeug für die Auswahl (Seite 74), siehe Seite 80, 15, 80, 25: Die Maske wird mit Malwerkzeugen so bearbeitet, dass die mit roter Farbe maskierten Bereiche keine Wirkung haben und GIMP die durch weiße Farbe freigestellten übernimmt. Ermöglicht unscharfe Auswahlen.
Eine schwebende Auswahl ist eine Auswahl auf einer temporären Ebene. Sie lässt sich in diesem Modus eingeschränkt bearbeiten, muss dann aber in einer neuen Ebene eingefügt und verankert werden.

Schwarz-Weiß-Bilder bestehen nur aus schwarzen und weißen Pixeln, **Schwellwert ...** (Seite 99) ermöglicht, sie aus Graustufen- oder Farbbildern zu erzeugen.

Schwarzpunkt Dunkelster Punkt im Bild, ein Anwendungsbeispiel gibt es hier: *www.elmar-baumann.de/fotografie/ebv/grundlegend-20.html*

schwebende Auswahl/Ebene erzeugt GIMP automatisch beim Einfügen ausgeschnittenen Materials (Seite 74), bearbeiten Seite 75, verankern Seite 91.

Script-Fu GIMP-Skripten für die automatisierte Bildbearbeitung
Homepage: *www.gimphelp.org/script24.shtml*
Download: *www.gimphelp.org/DL/gimp_scripts_26.tar.bz2*
Einsteigertutorial: *wiki.gimpforum.de/wiki/Skript-Fu-Einstieg*

Selektives Kolorieren Variante 1: Bild in Graustufen umwandeln, gewünschte Bereiche auswählen und **Kolorieren ...** (Seite 109)
Variante 2: Bild in Graustufen auf neuer Ebene umwandeln, gewünschte Bereiche auswählen, aus dem Originalfarbbbild einblenden

Shortcuts siehe Tastenbelegungen, Seite 11, eine Zusammenfassung unter: *www.oreilly.de/catalog/gimppgger/chapter/gimp2.6-sheet-landscape-A4.pdf*
einstellen: siehe dynamische Tastenkombinationen (Seite 71)

Skalieren von Auswahlen, Ebenen und Pfaden mit dem gleichnamigen Werkzeug (Seite 38), für spezielle Aufgaben gibt es **Liquid Rescale ...**, Seite 95, Statuszeile und Lineale am Bildfenster zeigen die Größe in der eingestellten Einheit.
Text wird entweder direkt bei der Eingabe mit dem Schriftdialog skaliert, oder nach der Umwandlung in Pfade.

SVG (Scalable Vector Graphics): Austauschformat für Vektorzeichenprogramme. GIMP kann Pfade in dieses Format umwandeln, Auswahlen nach deren Konvertierung in Pfade.

Text wird mit dem Textwerkzeug (Seite 43) in einem rechteckigen Rahmen eingegeben, erscheint automatisch in einer neuen Ebene. Er kann in Pfade umgewandelt (Seite 44) und damit weitergehend modifiziert werden. Die Ausrichtung an Pfaden ist im Textwerkzeug möglich mit:
Text als Pinsel Text schreiben; **Ebene → Auswahl als Text → Auswahl als Text**
3. **Bearbeiten → Kopieren** 4. **Bearbeiten → Einfügen als → Neuer Pinsel ...**
Tutorial: *www.gimp.org/tutorials/The_Basics/*

Tipps Tasten:
- Mit der Leertaste lässt sich das Bild im Fenster durch die Maus bewegen.

- [Tab] im Bildfenster öffnet, schließt zusätzliche GIMP-Fenster
- Das Mausrad verschiebt den dargestellten Ausschnitt vertikal, zusammen mit [⇑] horizontal. Zusammen mit [Ctrl] zoomt es das Bild.

Mausaktionen Eine aus dem Ebenendialog in den Werkzeugkasten gezogene Ebene erzeugt daraus ein neues Bild.

Hilfslinien verschwinden beim Ziehen aus dem Bildfenster

Im Ebenendialog lässt zusammen mit der [⇑]-Taste das Anklicken eines Augensymbols alle anderen Ebenen aus- und wieder einblenden.

Durch Anklicken der Ebenenmaske im Ebenendialog bei gedrückter Strg-[Ctrl]-Taste wird die Maske ein- und ausgeschaltet. Zusammen mit der [1Alt]-Taste zeigt GIMP die Maske direkt.

Translationswerkzeuge arbeiten ohne Qualitätsverlust. Es sind: **Transformation** (Seite 87), Verschieben (Seite 34), Ausrichten (Seite 35), Spiegeln (Seite 41) und Zuschneiden (Seite 35).

Transformationswerkzeuge arbeiten mit Qualitätsverlusten, unterschiedliche Modi für die Interpolation verbessern oder verschlechtern das Ergebnis.

Transparenz Bilder mit Transparenz erzeugen: Bild laden, **Farbe zu Transparenz ...** (Seite 111) auswählen, gegebenfalls mehrfach, speichern in einem transparenzunterstützenden Format (*nicht* JPEG).

Transparente Bereiche lassen sich normalerweise weder auswählen noch füllen; die entsprechenden Werkzeuge verfügen aber über Optionen, die dies ermöglichen, im Ebenendock können sie gesperrt werden.

Tutorials Viele gute: *www.gimp.org/tutorials/, cbt.k090999.de/gimp.php* und *www.pokemonexperte.de/artikel/fanwork*

Undo, Rückgängigmachen Seite 65, Redo

Unschärfe Weichzeichnen, gerichtete Unschärfe (**Wind ...**, Seite 119), Verschmieren (Seite 56)

URLs für Videos, Tutorials, Erweiterungen usw.
meetthegimp.org
mmmaybe.gimp.org/tutorials/

gimp-tutorials.net/
www.gm4t9.de/gimp
wiki.gimpforum.de/wiki/Tutorials
www.home.unix-ag.org/simon/gimp/
www.gimpstuff.org, diverses Material: Fonts, Pinsel, Plugins, Screenshots usw.
Script-Fu: *wiki.gimpforum.de/wiki/Skript-Fu*
Grundlegendes zu GIMP: *de.wikibooks.org/wiki/GIMP*
Bilder-, Pinsel-, Icon- und andere Sammlungen:
www.bluevertigo.com.ar/bluevertigo.htm

Vektorisieren ist die Umwandlung von Bitmaps in Vektorgrafiken (SVG). Mit Auswahlwerkzeugen lassen sich diese erzeugen – gegebenfalls nach Anwenden von Filtern wie z. B. **Posterisieren**, Seite 102 –, (Auswahl) **Nach Pfad** (Seite 81) erzeugt Pfade, die sich exportieren lassen.

Vignette (weicher Rand), Tutorial: *cbt.k090999.de/gimp_vignette.php*

Vordergrundfarbe auswählen/einstellen mit der Pipette, Seite 32, verwenden mit Malwerkzeugen, Seite 42. Der Farbdialog (Seite 138) erlaubt weitergehende Einstellungen.

Wikis *wiki.gimp.org*, *de.wikibooks.org/wiki/GIMP*

Xach-Effekt Menü: **Xach-Effekt ...** (Seite 120), gut für Textebenen geeignet.

XCF, XJT Diese Dateiformate speichern Bilder mit allen Besonderheiten von GIMP, auch in komprimierter Form.
wingimp.hp.infoseek.co.jp/gimp/docs/README_xjt_fileformat.tx

Zauberstab (Seite 26) Das Auswahlwerkzeug verändert die Schwelle bei gedrückter linker Maustaste.

Zeichnen mit GIMP Tutorial: *www.gimp.org/tutorials/Draw_A_Paint_Brush* Speziell für Icons (indizierte Palette): *www.gimp.org/tutorials/ Creating_Icons/*

Zwischenablagen Es gibt mehrere: die Standardablage und (beliebige) benannte Ablagen.
Zwischenablage einfügen: [*Ctrl*][*v*] (Seite 66) erzeugt neue (schwebende) Ebene, die verankert wird.
Zwischenablage nutzen für: **Neues Muster** (Seite 67), **Neuer Pinsel** (Seite 144), **Neues Bild** (Seite 66), **Neue Ebene** (Seite 91)

Index

E

S

T

U